KB211911

朝鮮雜記

일본인의 조선정탐록

조선잡기

조선잡기 일본인의 조선정탐록

저자_ 혼마 규스케
역주_ 최혜주

1판 1쇄 발행_ 2008. 6. 16.
1판 7쇄 발행_ 2023. 12. 1.

발행처_ 김영사
발행인_ 고세규

등록번호_ 제406-2003-036호
등록일자_ 1979. 5. 17.

경기도 파주시 문발로 197(문발동) 우편번호 10881
마케팅부 031)955-3100 편집부 031)955-3200 팩스 031)955-3111

값은 뒤표지에 있습니다.
ISBN 978-89-349-3004-4 04900

홈페이지_ www.gimmyoung.com   블로그_ blog.naver.com/gybook
인스타그램_ instagram.com/gimmyoung   이메일_ bestbook@gimmyoung.com

좋은 독자가 좋은 책을 만듭니다.
김영사는 독자 여러분의 의견에 항상 귀 기울이고 있습니다.

일본인의 조선정탐록

조선잡기

朝鮮雜記

혼마 규스케 ● 최혜주 역주

김영사

한산의 풍운이 정말로 급박하다

■ 조선잡기 서문

조선은 동양의 발칸반도라고 말하지만, 그 사회의 진상에 어두운 자가 10명 중에 7, 8명이다. 자신 있게 구라파나 미국의 모습과 정서를 설명하는 자가, 도리어 일의대수 밖의 계림(鷄林=조선)의 광경을 모른다. 우리나라 사람이 과연 등대 밑이 어둡다는 조롱을 벗어날 수 있겠는가.

나의 친우 여수거사는 이른바 만권의 책을 읽고, 또 천리의 길을 간 자로, 문필과 검으로 표연히 팔도를 주유하여, 보는 바가 넓고 또 깊다. 그의 저서 『조선잡기』는 착안이 기이하고 놀라우며 문필이 가볍고 오묘하다. 조선의 사정을 자세하게 아는데 있어서 세상에서 거의 그와 비길만한 자를 보지 못했다. 이것은 우리나라 사람 모두가 읽어야 하고 읽지 않아서는 안되는 것이다.

지금 조선의 변란은 바야흐로 무르익어서, 나라의 이목이 여기에 모여 있다. 이 책은 실로 우리나라 사람이 필수적으로 벗해야 할 만한 것이다.

1894년 6월

아키야마 데이스케秋山定輔

『조선잡기』는 어떤 책인가?

■ 글머리에

『조선잡기』는 혼마 규스케(本間久介, 필명 如囚居士)가 조선을 견문하고 정탐한 것을 기록한 글이다. 혼마 규스케는 『이륙신보二六新報』 특파원, 천우협天佑俠, 흑룡회黑龍會 회원으로 활동하고 통감부와 총독부가 설치된 뒤에는 관리가 된 인물이다. 그는 대륙경영에 뜻을 품고 우선 조선의 사정을 조사하기 위해 1893년에 처음으로 내한했다.

혼마 규스케는 부산에 머물면서 경성, 중부지방을 정탐하고 행상을 하며 황해도와 경기도 충청도 지방을 여행했다. 그 후 도쿄에 돌아가 1894년 4월 17일부터 6월 16일자까지 『이륙신보』에 조선 정탐 내용을 연재하고, 154편의 글을 한권으로 묶어 7월 1일 간행했다. 이 책이 바로 『조선잡기』이다.

『조선잡기』에는 근대 일본인의 시각으로 조선의 문화와 문물 풍속을 접하면서 느꼈던 여러 풍경이 적나라하게 그려져 있다. 『조선잡기』에서 드러나는 조선, 조선인의 주된 이미지는 순진함, 무사태평과 함께 불결, 나태, 부패 등이다. '문명국' 일본에서 바라보는 '타자의 시선'이 생생하게 나타나 있다.

이 책이 갖고 있는 사료적 가치는, 첫째 일본인이 1890년대 전후에 걸쳐 간행한 견문기나 서양인의 여행기 등에 비해 조선의 풍습과 일상생활을 민중들의 삶의 모습을 통해 본격적으로 세밀하게 다루었다는 것이고, 둘째는 일본의 조선에 대한 관심이 고조되는 청일전쟁 발발과 함께 간행되어, 일본인의 조선 이미지 형성에 적지 않은 영향을 끼쳤다는 것이다.

이 책을 엮어 내면서 관련성 있는 항목끼리 재구성하여 154편의 글을 8개의 장으로 나누었다. 1) 언어와 역사, 그리고 조선인의 기질 2) 궁궐, 정치와 관료들의 사정 3) 풍속과 생활상, 그리고 습속 4) 문화와 예술 5) 경제와 사회상 6) 외국인과 국제관계, 7) 조선 정탐의 고락과 일담 8) 기타 조선의 사정과 일본에 대한 내용이다.

이 책에 나오는 일본의 인명과 지명은 모두 일본식 발음대로 표기했다. 일본식 발음대로 했을 때 불편한 것은 한국식 발음으로 표기했다. 그리고 본문에는 주가 없으나 이해를 돕기 위해 각주를 달고 19세기 말 조선의 모습을 보여주는 사진자료, 참고문헌·해제를 넣었다. 가능하면 원전 그대로의 의미를 전달하기 위해 원문에 나오는 명칭을 그대로 사용했다.

그냥 묻혀버렸을 이 자료가 빛을 보게 된 것은 한양대학교 국문과 정민 교수의 추천에 의해서였다. 감사드리고 싶다. 또한 아담한 책으로 꾸며준 김영사 편집부 여러분에게도 감사드린다.

2008년 6월 10일
최혜주

목차

1부 지금은 기백이 완전히 죽었다

 2부 동학당의 괴수와 만나다

3부 의식주와 기이한 풍속

4부 시장과 거리, 양반과 평민

5부 무예는 궁술만 남았다

6부 청국의 야심과 일본의 열세

7부 목욕탕인가 초열지옥인가

8부 잡조雜俎: 기타 자잘한 정탐 내용들

1부

지금은 기백이 완전히 죽었다

朝鮮雜記

언어는 팔도 가는 곳마다 모두 같다. 다만 곳에 따라 어조의 변이 및 사투리가 있을 뿐이다. 예를 들면 경상도와 전라도에서는 기름을 '치름'이라 하는데 경기도와 충청도에서는 '기름'이라 하고, 경기도와 충청도에서 '어데 가쇼'라 하는 것을 경상도에서는 '오데 가능교'라고 한다. 그러나 가령 함경도 사람과 전라도 사람이 상봉하더라도, 삿슈(薩州, 현 사쓰마현)인과 오슈(奧州, 현 이와데 현)인이 상봉하는 것처럼 기이하지는 않다. 그리고 8도 중에 가장 언어가 좋은 곳은 충청도의 충주이다. 말의 격이 정돈되어 있고 어조가 온아하며, 경성을 능가하는 것이 있다.

문장은 여러 종류가 있다. 거의 우리나라와 같다.

1) 순한문 2) 조선식 한문 3) 이두문 4) 이두 섞은 한문 5) 언문 6) 한자 섞은 언문

언문이란 곧 조선 문자를 말한다. 그 구조는 우리 일본 글과 같다. 교묘한 것이 서양의 알파벳을 능가한다. 한인은 실로 이와 같이 교묘한 문자를 가지고, 왜 고생스럽게 일상의 서간문에까지 어려운 한문을 사용하는가. 이것은 내가 이해하기 어려운 바이다. 이와 같이 교묘한 문자도 겨우 중류 이하의 사회에서 그 교묘함을 나타낼 뿐이다.

이두란 조선 음을 한자로 나타낸 것이다. 즉 우리나라의 만요가나万葉假字*와 같다. 조선 사람은 지금 이것을 사용하여 언문의 편리함을 모르는 자가 많다. 과연 이 한자를 숭상하는 폐단은 사대근성의 표상인가.

———

언문과 이두

---

* 일본에서 가장 오래된 가집歌集. 수록된 노래는 4,536수이며, 장가長歌 265수, 단가短歌 4,207수, 기타 64수이다. 한국의 이두와 같이 한자를 이용하여 만든 만요가나로 쓰여졌다. 특정인이 한 번에 완성한 것이 아니고 여러 사람에 의해 장기간에 걸쳐 편집된 것이다. 오토모노 야카모치大伴家持가 8세기 말경 완성한 것으로 보고 있다.

가
야
라
는
국
호

부산의 거류지에서 서북 7리에 김해부라는 도시가 있다. 성곽으로 둘러싸인 큰 진鎭이다. 삼국시대의 수로왕이 도읍한 땅으로 국호를 가락駕洛이라고 부르고, 대가야, 소가야, 고령가야 등의 5가야(대략 경상도의 절반)를 지배한 고적이다. 바다를 낀 이 지역은 우리나라(일본)에서 가장 가까운 곳으로, 진구神功황후가 삼한을 정벌하기 위해 보낸 군대는 틀림없이 여기에 상륙했을 것이다.

가락은 가라伽羅이다. 우리나라 사람이 외국을 가리켜 '가라ゕら'라고 부른 것은 대개 여기서 기원했을 것이다. 그렇다면 국학자가 '가라ゕら'를 공허한 뜻으로, 우리나라의 문물이 충실한데 비해 조선 사람들을 비하한 말이라고 해석한 것은 견강부회의 설이 아닌가.

성문에 간판을 내걸고 '가락구도정문駕洛舊都亭門'이라고 칭하고, 성곽 밖에는 수로왕릉 및 왕비 허씨의 능이 있다.

김해부를 2리쯤 지나 낙동강에 누워 있는 구릉에는 분로쿠文祿*의 정한 때, 구로다 나가마사黑田長政**가 쌓은 성지가 현존한다.

---

* 분로쿠는 1592~1596년을 말한다. 일본에서는 임진왜란을 분로쿠의 역役이라고 부른다.
** 1568~1623. 1592년 임진왜란 당시 제 3진으로 1만 1천 명의 병력을 이끌고 부산에 상륙, 추풍령을 넘어 서울에 입성한 후 황해도 방면을 담당했다. 해주에서 조인득의 공격을 받고 배천으로 후퇴, 연안에서 이정암 휘하의 의병들에게 완강한 저항을 받았다. 1597년 정유재란 때 고니시 유키나가와 함께 선봉이 되어 다시 조선에 침입하여 전라도 남부와 김해, 창원 등지를 함락시켰다. 도요토미 히데요시가 죽은 후 도쿠가와 이에야스 편에 서서 세키가하라 전투에서 세운 전공으로 치쿠젠의 성주가 되었다.

이 가라駕洛에 대해서 생각나는 것이 있다. 조선의 풍
속은 매운 것을 좋아한다. 생선국·된장국 등을 조리하
는데, 모두 고춧가루를 넣는다. 어린아이가 생강 혹은 무
를 씹어, 소리를 내며 기쁘게 입맛을 다시는 모양이 마치
우리나라 아이가 사탕을 먹는 것과 같다. 타고난 기호품이라고
해도 자못 기이하다고 할 수 있다.

우리나라 사람이 고추胡椒를 '가라시'라고 부르는 것은 곧 가라
시駕洛食라는 말에서 배태된 것은 아닐까. 비지雪花菜를 '가라から'
라고 부르는 것도 조선 사람의 말과 같이 비지를 많이 먹는 것에
서 그와 같이 되었는가.

먹는다고 하는 말

조선에서 쓰는 '먹는다'라는 말의 의미는 매우 넓다. 밥을 먹는 외에 물을 마신다도, 담배를 피우는 것도, 약을 복용하는 것도, 모두 물을 먹는다, 담배를 먹는다, 약을 먹는다고 한다. 기타 장기에서 졌을 때도 도박의 승부에도, 그는 몇 전 혹은 몇 목을 먹었다고 한다. 관리가 뇌물을 거두고, 사람을 불러 그는 몇 관문을 먹었다고 한다. 매독을 앓고 있는 사람을 불러 한 잔 먹은 사람이라고 부르니 역시 묘하다. 특히 매우 기묘한 것은 날마다 하는 인사에 "당신은 아침밥을 먹었습니까"나, "저녁밥을 먹었습니까"라고 하는 것이다.

식사 시간이 되어 식사를 하지 않은 자도 없는데, 이 말을 가지고 보통의 인사로 하는 것은 자못 기이하다. 히닌非人*이 식사를 구걸할 때라면 식사의 유무를 가지고 인사를 하더라도, 동등 이상의 사람에 대해서 이러한 말을 사용하는 것은 우리 일본인이 볼 때는 매우 무례한 것과 같다. 이것은 혹은 우리가 항상 사용하는 '양恙'이라는 글자가, 굴에 사는 양충(털진드기)의 해가 많은데서 유래하는 것 같다. 조선의 사람들은 다만 음식물에 대해 곤란을 느껴서 이렇게 습관적으로 사용해 온 것이 아니겠는가.

실책의 첫째, 우리 역시 한 그릇을 먹었다고 한다. 다만 한인만이 아니다. 미루어 인심의 저속함을 안다.

---

* 에도시대 사형장에서 잡역에 종사하던 사람.

조선의 선비는 지나支那를 불러 항상 중화라고 말하고,
스스로 소화라고 부른다. 조선 사람이 나에게 고국을 물
으면 나는 항상 대화大華의 사람이라고 답한다. 그들은
나를 꾸짖어 오만함을 말한다. 그렇지만 오만하여 자랑
하는 것과 비루하여 주눅 든 것 중에 어느 것이 나은가?

지나를 중화라고 칭하는 것은 대·중·소의 뜻을 취한
것이 아니고 대지의 중앙에 위치하는 나라이기 때문이라고, 박식
한 체하며 그들은 늘 말한다. "그렇다면 귀국은 왜 소화를 칭하는
가"라고 내가 책망하면 한 마디도 못한다.

어린아이가 필독하는 책을 『동몽선습』이라고 이름을 붙여, 책
가운데 설명하기를, "중화 사람이 조선을 소중화라고 칭한다. 운
운". 아아 사대 풍습이 그 유래가 멀도다.

한국은 지금 비록 쇠미해지기는 했지만, 4천 년이나 된 오랜 나라이다. 우리나라 상대上代의 개화를 이끈 나라라고 하면, 반드시 볼만한 것이 많을 것이라고 생각한다. 그러나 백번 듣는 것은 한번 보는 것만 못하고, 상상보다는 실상을 보는 것만 못하다. 문물, 제도, 기계, 공예 하나같이 지금 사람의 시선을 끌만한 것이 없다. 우리로 하여금 거의 아프리카의 내지 여행을 연상시키는 것은 대체 무엇인가.

시험 삼아 일부의 조선사를 꺼내 열람하는데, 상고부터 금일에 이르기까지, 다른 나라의 속박에 관계되지 않은 시대가 거의 드물다. 즉 조선은 진정으로 독립한 적이 없다고 해도 과언이 아니다. 나라가 이미 독립국이 아니다. 인민이 어찌 떨칠 것인가. 조선이 쇠퇴한 원인을 학정의 결과라 단정하는 것이 일반적인 설이라고 해도, 이러한 역사적 관계 역시 일대 원인이 아니겠는가?

아아 조선 사람으로서 널리 만국의 사정에 통하여 기왕 4천 년의 불결한 자취에 눈물을 뿌리고 스스로 신 독립국으로 크게 도모하려는 자가, 과연 기백 년의 뒤에 일어날 수 있을까? 물에 이르러 포구를 잃는 탄식이 있다. 한인은 역사적으로 독립정신을 문질러 지워버리고 있다.

한인은 정직하다기 보다는 오히려 단순하다고 할 수 있는 인종이다. 그들의 희로애락은 자못 현금적이다. 그들은 사람의 면전에서 꾸미거나 혹은 치장하는 음험한 부류에 속하는 인간과 거리가 멀다. 그러므로 그들은 눈 앞에서는 은혜에도 감동하고 또 위엄에도 복종한다. 그렇지만 조금 있으면 모두 잊어버려 알지 못하는 것 같다. 이것은 그들이 심복하는 것이 없기 때문이다. 만일 누군가 그들을 심복시키려 한다면, 힘을 써서는 효과를 얻기는 매우 힘들다. 그들은 위엄을 가하면 곧 원망하고, 은혜를 베풀면 곧 친하게 군다. 매우 제어하기 힘든 인종이라고 할 수 있다.

예를 들면 그들이 돈을 빌릴 때, 증서면에는 만일 기일을 경과하거나 의무를 이행하지 못할 때는 위약금으로 5관문을 추심推尋* 할 것, 혹은 관청에 호소하여 공정한 재판을 받을 것이라는 등, 점잖게 쓰지만 기한이 되어서 사람을 보내 재촉하면 그들은 곧 말하기를 "한 푼도 없다, 시기를 유예해 주기를 바란다"고 한다. 사람이 그 처음의 약속을 어긴 것을 책망하면 그들은 말하기를 "다만 일시의 급함을 피하기 위해서 그렇게 썼다"고 한다.

당시 이미 반드시 약속을 이행할 뜻이 없었던 것이다. 그들은 항상 이러한 변명을 하면서도 창피한 것을 느끼지 못한다. 그러나 그들은 이상하게도 빌린 돈을 갚지 않는다고는 말하지 않는다. 그들은 실로 단순한 인종이라고 할 수 밖에 없다.

---

* 체납자로부터 결재대금을 받아내는 것.

   증서의 문장에 기일을 약속하는 것은 헛되고 거짓된 것이고,
당장의 곤란을 어떻게 해서든 피하면 편해진다고 하는 것이 한인
의 진면목이다.

지금의 조선은 명의 원조에 의해 고려에 대신하여 8도에 군림할 수 있게 되었다. 더하여 임진 역役도 명의 원조를 빌렸기 때문에, 명과 조선과의 관계는 더욱 물과 물고기의 의리를 굳게 하기에 이르렀다. 그런데 만주의 호걸 애친각라愛親覺羅가 검을 내걸고 일어나는데 이르러 천하에 병사가 하나도 없어, 명조의 운명은 드디어 오랑캐에게 옮겨갔다. 조선왕 숙종은 의리상 이것을 방관할 수 없었다. 크게 중원을 회복하려는 뜻이 있었다. 서치암徐恥菴의 지혜가 병사의 양식을 비축하고, 김선원金仙源*의 용기가 오랑캐 병사를 물리친다고 해도, 오랑캐군이 한양에 밀어닥치자 국왕이 몽진하여 남한산성으로 난을 피하기에 이르렀다. 보람없이 원한을 머금고 내통하는 것을 그만 둘 수 없게 되었다. 당시 조선의 기백을 알만한 시 한 구절이 있을 뿐이다.

> 백두산 돌은 칼 갈아 다하고,
> 두만강 물은 말 먹여 없앤다.
> 남자 20세에 나라를 바르게 하지 못한다면,
> 후세에 누가 대장부라 칭하리오.

---

* 김상용(金尙容, 1561~1637)을 말한다. 임진왜란이 일어나자 강화 선원촌江華仙源村으로 피난했다가 양호체찰사兩湖體察使 정철鄭澈의 종사관이 되어 왜군토벌과 명나라 군사 접대에 공을 세움으로써 1598년 승지에 발탁되었다. 1636년 병자호란 때는 묘사주廟社主를 받들고 빈궁·원손을 수행하여 강화도에 피난했다가 성이 함락되자 성의 남문루南門樓에 있던 화약에 불을 지르고 순절했다.

白頭山石磨刀盡,

豆滿江水飮馬無.

男子二十未平國,

後世誰稱大丈夫

　아아, 지금 조선인으로서 이 시를 대하여 부끄러워하지 않을
사람이 과연 몇 명이 있을까? 상하가 어두워져 기개가 이미 죽었
다. 아아.

조선과 같이 종족 계급이 정해진 나라에서는 언어행동에도 자연히 계급이 있다. 이것은 어쩔 수 없는 사실로, 예를 들면 '오라'는 말에도 아래와 같은 여러 가지의 사용법이 있다.

이로라: 소아 혹은 하천下賤에 대해서

이리 오너라: 소아 혹은 아랫사람에 대해서

이리 오시요: 같은 무리에 대해서

이리 오십시요: 높은 사람에 대해서

가령 30세에 이르러서도 갓을 쓰지 못한 자는 다른 12, 3세로 갓을 쓴 자로부터 동僮이라 불려서 오만불손한 대우를 받는다. 동은 항상 갓을 쓴 자 앞에서 담배를 피울 수 없고, 갓을 쓴 자라 하여도 양반에 대해서는 그 앞에서 담배를 피울 수가 없다. 그리고 모두 양반에 대해서는 갓을 쓰지 않을 수가 없고, 또 앉으라고 명받지 못했을 때는 앉아서 말할 수 없다. 또 도로변에서 이름 모를 양반이 걸어가는데 만나면 입에 물고 있던 담배를 뒤로 감추고 지나가는 것을 기다려야 한다. 그리하면 다른 나라의 여행객이라 하여도 한눈에 그가 양반인지 상민인지 구별할 수 있다.

한인은 스스로 칭하여 예의의 나라라고 한다. 대개 허례는 여기에 있다. 실례實禮의 빈약함은 어찌할까?

싸움

　　조선에서 싸우는 모습의 무사태평함은 거의 한심한 정도이다. 작은 일로 싸움을 시작하면 서로 마음이 격앙되어 입에 거품을 물고 설전하는 것도 잠시, 말이 서로 격해지고 도저히 화해의 가망이 없어 보이면 같이 갓을 벗고 "자 와라"하며 싸우자고 서로 상투를 잡아 당긴다. 항상 그뿐, 에도꼬江戶ッ子*와 같은 재빠른 싸움은 볼 수가 없다. 그리하여 마지막은 언제나 옷이 찢어진다. 그러면 갓 값을 물어내라고 한다. 항상 눈앞의 손해에 대한 요구를 강요하는 것으로 끝낸다.

　　기가 격해지고 마음이 조급해진다. 어찌 화친하여 서로 갓을 벗을 여유가 없는가. 저 무사태평한 마음을 알 뿐, 이것이 국운이 막힐 징조이다.

---

* 에도에서 태어나고 자란 순수한 에도시민을 가리키는 칭호.

우리나라의 목수라면 반나절 걸려서 할 수 있는 일을
조선의 목수는 3, 4일 걸리는 것이 보통이다. 교통도 빈
번하지 않고 생존도 곤란하지 않다. 조선의 현상에 대조
해 보면 감히 깊이 책망할 것은 아니지만, 우리의 눈으로
볼 때는 그 작업의 태평함에 화가 치밀어 오를 정도이다.

요컨대 조선 사람은 담배를 매우 좋아하는 동물이다.
3척이나 되는 담뱃대를 걸어갈 때나 집에 있을 때나 앉
아서나 누워서, 일을 쉬거나 침묵하는 사이에도 손에서 놓는 일
이 없다.

무사태평

조선 사람 일반의 습관은 밭을 갈 때나 물건을 운반할 때에도 반드시 이것을 입에 물고 있다. 특히 우스운 것은 우리 거류지에 목욕하러 오면서, 탕 안에서도 담배를 피우고 있는 일이다. 태평한 짓도 어느 정도라고 할 수 밖에.

조선에 오래 체재한 한인인 구연수其然壽*라는 자가 일찍이 나에게 말했다.

"우리나라 인민이 긴 담뱃대를 가지고 길을 가면서 피우고 있는 중에는 도저히 국운이 다시 일어날 희망이 없다."

이것은 지당한 말이다. 생각하니 긴 담뱃대를 아끼는 국민에게 진취적 기성氣性이 없는 것은 고금 만국이 동일하다.

---

* 송병준의 사위로 을미사변 당시 명성황후의 시신에 석유를 뿌려 소각하는 일을 감독하는 역할을 맡았던 인물로 총독부 경무관까지 지냈다.

조선 사람은 대개 스스로 비굴하고, 구걸 근성이 있다. 우리 외방인에 대해서 자국의 부끄러움으로 생각하지 않는 인간이다. 우리가 내지를 여행하여 객사에 숙박하면 근방의 한인들은 이것을 이상하게 생각하고 실내가 좁아질 정도로 모여와서 구경한다. 그 말하는 바를 들으면, 의복은 목면이냐 비단이냐, 신기한 물건은 갖고 있지 않은가, 나이는 몇인가, 수염은 매우 짙으니 빗자루를 만들면 어떠냐, 안경은 옥이냐 유리냐 등 항상 서로 평가해서 이야기한다. 그리고 그가 묻는 것을 들으면, 안경의 가격은 얼마인가, 약은 갖고 있는가, 담배 한 모금 달라, 수첩을 달라 등 모두 구걸적인 언어이다. 이에 자비스러운 눈으로 중생을 보는 부처의 서원은 어느새 잊어버리고, 혐오의 정을 일으키게 되는 일도 자주 있다. 어느 날 내가 어떤 양반의 집에 초대받았을 때의 일이다. 자리에 여러 명의 손님이 있었는데 몰래 서로 말하는 것을 들어보니 내가 갖고 있는 연필을 얻기를 바라는 것 같았다. 나는 빨리 한 꾀를 생각해서 붓을 잡고 말했다.

"당신 나라의 사람이 나를 방문하면 반드시 구걸하는 것이 있다. 나는 이것을 이상하게 여긴다, 모르는 사람에게 물건을 청하는 것은 당신 나라의 예인가를 감히 묻는다."

그들은 매우 부끄러운 듯이 곧 대답했다.

"이것은 아마도 장난일 것이다. 감히 물건을 구걸하지 않는다."

야비
野鄙

풀
草
本

　　기근이나 흉년에 대처하는 것을 배우려고 하면 조선에 가야 한다. 야외의 풀잎의 대부분은 반찬으로 올라온다. 은행, 밤, 백일홍, 황매화, 복숭아꽃이 이것이다. 앵두나무 꽃과 벚꽃은 이것이 없다.

　　조선에서는 삼나무 재료가 없다. 가장 많은 것은 소나무, 전나무이다. 산림은 개간되지 않고, 함경도·평안도 두 도는 약간의 소나무가 있는 산을 볼 수 있을 뿐이다.

　　조선 사람은 미술적 감정을 갖고 있지 못하기 때문에 전국의 가는 곳마다 정원을 볼 수가 없다.

　　그들은 산악이 중첩하고 험악하여 산줄기를 드러내고, 봄의 물이 숲에 넘쳐흐르고, 가벼운 바람에 잔물결이 일어날 때, 시를 음미하는 사람이 된다. 스스로 한 폭의 그림이 된다. 이것은 우리나라에서 얻을 수 없는 쾌락이다.

　　정치적인 눈으로 시찰하면, 조선 사람은 어둡고 낮잠 속에 있다. 참으로 걱정할 만하다. 그러나 세속을 떠난 은자의 눈으로 시찰하면 한가하고 유유하여 진정 별천지의 사람이다.

조선은 우리나라와 위도緯度가 같다. 그리고 조선이 기후의 차가 크게 다른 것은 조류潮流의 관계에 의한 것이다. 강우량은 대개 우리나라보다 적다. 경상도의 연안은 겨울이라고 해도 심하게 춥지 않다. 충청도의 경계인 조령 이남은 우리나라의 도쿄와 기후가 비슷하다. 조령을 넘어 충청도에 이르면 기후가 변하여 추위를 느낀다. 처음으로 조선이 추운 나라임을 알 수 있다. 경성은 도로가 얼어서 춘풍에 얼음이 풀리는 때는 가옥이 경사지는 경우도 매우 많다. 경성에서 이북의 평안도, 함경도, 황해도의 3도는 한기가 매우 심하다. 언어 역시 얼었는가를 의심하게 한다. 나폴레옹이 모스크바에서 했던 전쟁을 떠올려보면, 사병들 중 손가락이 떨어진 자가 많았지 않았나. 나의 친구 모도 경상도 낙동강에서 발이 썩은 적이 있다.

기후

	7월 평균	12월 평균
인천	35도	영하 7도
부산	32도	영하 5도
원산	34도	영하 10도

위의 평균표는 섭씨의 한서계寒暑計를 사용한 것이다. 평안도 평양 이북은 겨울에 한기가 역시 심하다. 작년 겨울 내가 여행했을 때에 알콜 한서계가 얼어붙은 것을 보았다.

호랑이와 산고양이

호랑이는 조선의 8도 어느 곳을 가리지 않고 널리 서식하는 것으로 보인다. 거의 우리나라의 승냥이와 같다. 나는 조선에 가지 않은 곳이 없지만 아직 한 번도 호랑이를 본 적이 없다. 그러나 작년, 부산에서 2리 밖에 있는 금정산에서 본 자도 있다고 한다. 왕성에 나타나기도 한다. 또 원산의 시가지에 나왔다고 들은 적도 있다. 겨울에 먹이가 모자랄 때 어린아이를 데리고 가기도 한다는 무서운 이야기를 들은 적도 있다. 호랑이 가죽 한 장의 가격은 보통 30엔 내외라고 한다.

또 조선에는 산고양이가 있다. 몸의 길이는 거의 3척 정도이고 모피의 문양이 표범과 비슷하다. 다만 배 부분은 황적색이다. 우리나라 사람이 일찍이 부산에서 이것을 호랑이의 새끼라고 생각하고 수금을 주고 사서 돌아왔다. 여러 사람이 이것을 보고 모두 호랑이 새끼라고 하였다. 매우 진귀한 것으로 생각하여 길렀는데 어느날 그 울음소리를 듣고 비로소 산고양이라는 것을 알았다고 한다. 이 짐승은 결코 사람을 향해 해를 끼치는 일이 없고 다만 때때로 집의 닭을 먹고 싶어 하여 민가를 습격하는 것이 있다고 한다.

동학당의 괴수를 만나다

朝鮮雜記

온화하여 접할 수는 있어도 가까이할 수는 없다. 군주의 좋은 점을 갖추고 있어도 왕비를 제멋대로 총애하여 세도가의 발호를 제어하지 못한다. 개구리 우는 소리를 좌우에게 물은 진晉나라 문공*이 아니더라도, 말을 가리켜 사슴이라고 한 조고趙高**는 진시황을 바보로 만들어 '가한 것도 예 예, 불가한 것도 예 예'라고 하니, 아뢰는 사람의 말을 그대로 듣고 어찌 알겠는가. 언덕 위의 진승陳勝***이 병사를 거두어 일어난 것을.

가와카미 소우로쿠川上操六 중장은 일찍이 왕을 알현한 후 사람들에게 말하기를, "왕의 성품, 왕의 자질, 이것을 구미의 제왕 사이에 세우는 것도 양보할 수 없다"고 했다. 왕의 사람됨이 바로 이와 같다. 그렇지만 정권을 한번 아래로 옮기면 주권이 위에 있지 못하니 이것이 현재의 상황이 아닌가. 이것으로 짧은 것의 진짜 모습을, 왕이 평생 분간하기 어려운 상황을 보기에 충분하다.

---

* 그는 부친 헌공이 여희驪姬를 사랑하여 그의 형인 태자 신생申生을 죽였으므로 다른 나라로 피신하였다가, 진秦나라의 도움을 입어 다시 돌아가서 위에 올라 현신을 등용하여 제후의 맹주가 되었다.

** 진秦나라의 환관으로 시황제의 사후 승상丞相 이사李斯와 함께 호해胡亥를 옹립했다. 조고는 이사를 죽이고 나서 권력을 잡고 호해를 죽였다. 그리고 그의 아들 자영子嬰을 옹립했으나 그에게 살해되었다.

*** 진秦나라 말기 농민반란의 지도자. 진승과 오광吳廣이 이끄는 봉기군에 의해 각지에서 반란이 계속되어, 진나라가 멸망하는 계기를 만들었다.

왕거

왕거王居를 대궐이라고 한다. 백악산록에 있고, 주위 반리쯤에 둘러싼 돌 벽으로, 도랑 하나가 옆으로 흐른다. 정문을 광화문이라고 한다. 문에 두 무장의 상을 그렸다. 설명하는 자가 말하기를, 관우關羽와 장비張飛*로 문을 지키게 한다고 한다.

문을 지나 10걸음 좌우에 화강석을 가지고 조각한 대 사자를 놓는다. 그 모습이 우리나라의 신사 앞과 같다.

그래서 육조의 관아 및 친군의 병영, 천문지리를 맡은 관공서는 광화문 앞의 대로를 따라 기와지붕이 줄지은 처마를 접한다. 그러나 그 건축은 그다지 볼만한 것이 없다. 어느 때에 세워졌는지 처마가 찢어져 달빛이 비치고, 마당이 황폐해져 참새가 운다. 이곳은 곧 팔도의 정령政令이 나오는 관청이다. 일본의 황거가 장대한 것을 보면 국가가 큰 것을 모를까? 왕궐이 이미 이와 같다. 만사 생각할 만한 것들이다.

---

* 중국 삼국시대 촉한蜀漢의 무장으로, 유비劉備를 오랫동안 섬기며 촉한 건국에 공이 많았다.

조선에는 정해진 국기가 없는 것 같다. 부산 근처에서는 우리나라를 배워 국왕의 만수절에 아래쪽과 같은 깃발을 세우고 또 선박에도 같은 모양의 깃발을 휘날리는 것을 보았다. 이것은 정해진 그 나라 국기의 남상인가. 기장旗章은 천지가 열리지 않았다는 뜻을 취한다고 한다.* 원래 조선은 혼돈의 그림을 숭상하는 나라로, 지방 관아의 문에는 아래와 같은 그림을 항상 그린다. 아아, 조선이 당당한 4천 년의 역사를 갖고, 왜 혼돈미판**을 숭상하는지. 금일 문운이 점점 쇠퇴하고, 드디어 혼돈 몽매한 지경에 끝나려고 하는 경향이 있는 것이 어찌 우연이겠는가.

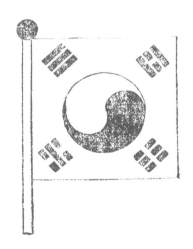

---

* 오행五行의 기원인 "蓋聞天地未判, 其名混沌"의 하늘과 땅이 열리지 않는 것을 혼돈이라고 한다는 뜻.
** 명대의 왕정상(王廷相, 1474~1544)은 태극을 '混沌未判의 氣'라고 했다.

내가 보기에는 전환국典圜局*에서 새로 만들려고 하는 은화의
틀에 매화를 찍어 넣으려는 것을. 모름지기 동짓달에 다시 조선
을 회복한다는 것은 이로부터 피게 하려는 것이다. 지금 전환국
의 사업은 잠자고 있다. 그들은 드디어 혼돈의 사이에 끝나려고
하고 있다. 불쌍한 이 혼돈국.

조선은 썩은 달걀과 같아 이미 부화력孵化力이 없다. 어찌 스스
로 껍질을 깨고 '꼬끼오' 하고 외치는 새벽을 얻을 것인가.

---

* 1883년 8월 7일에 설치된 최초의 근대적 조폐기관. 설립 당시에는 종로구 원서동 소재의 대가
大家를 전환국 건물로 사용했다고 전하나 정확한 위치는 알 수 없다.

조선은 전제專制의 국체이면서도 상소라는 유교국의 유물을 남기고 있다. 이것은 백성의 뜻을 위에 미치게 하자는 취지로 인민의 상소를 수리하여 왕의 재결을 내리는 것이다. 대부분 중간에서 관리가 막아 국왕의 귀에까지 가지 못하게 하지만 형식만은 제법 갖추고 있다.

상소를 하기 위해서는 먼저 동지 사이에 연서하여 백지에 일의 사유를 자세하게 써서 그것을 붉은 비단에 만다. 그리고 동지와 함께 왕궁의 문 앞에 나아가, 상 위에 이 상소장을 두고 그 앞에 돗자리를 깔고 밤낮으로 그 위에 앉아서 상소문이 수리되기를 기다려야 한다. 동학당의 사람들이 당수 최모의 원통한 죽음을 호소할 때에도 이와 같이 했다.

● 비민씨파의 영수 대원군 이하응

과거에는 대·중·소의 구별이 있다. 대과는 매년 한 번 경성에서 열리는데, 양반의 자제를 시험하는 것이다. 중과는 관찰사가 소재하는 곳에서 열리고, 소과는 지방의 관아에서 열린다.

대과에 급제하고 관리에 임명된 자는 찢어진 갓을 쓰고 얼굴의 반은 먹으로, 반은 하얀 분으로 칠한다. 찢어진 의복을 입고 잘 차려입은 수십 인의 악사에 섞여서, 경성 안을 일주한다. 이것은 관리가 되었을 때의 오만한 폐단을 없애기 위해서라고 한다.

다음날은 전날 교환한 관복을 입고 백마를 타고, 아름다운 치장을 한 악사를 전후로 세운 채 경성 안을 일주한다. 이것은 과거에 합격한 것을 사람들에게 널리 알리는 것이라고 한다.

고향에 돌아와서도 말을 타고 읍내를 일주하고, 또 향문鄕門에 용 모양을 한 큰 나무를 세워 과거에 합격한 영예를 드러낸다.

법정

죄인을 판결하고 소송을 심리하는 법정은 관공서 마당 앞에서 열린다. 죄인 또는 소송인은 말단 관리와 함께 문 옆에 서서 문 안의 신호를 기다렸다가 묵례를 하면서 조용히 걸어온다. 그들은 말단 관리가 인도하는 곳에 앉아 감히 우러러 보지 못한다. 이때 이미 재판관, 즉 관공서의 장관은 탁자에 의지한 채 많은 관인들과 함께 자리하고 있다. 그 앞줄에는 좌우 2, 3인의 전령관 같은 자들이 일어나 있고 죄인 혹은 소송인의 곁에는 한 칸 정도 되는 곤봉을 가진 말단 관리가 서있다. 재판관이 무슨 일인가 한 마디 말하고 끝날 때마다, 전령관은 좌우에 같은 소리로 무엇이라고 큰 소리로 외치고, 외친 것이 끝나면 말단 관리도 같이 외친다. 이렇게 해서 죄인 혹은 소송인을 판결하는 것이다.

죄인과 소송 피고인이 그 일을 자백할 때는 태형을 아울러 가한다. 그리고 뇌물을 한 자는 무참하게도 격살한다. 죄인은 옥에 들어가는 비용을 모두 스스로 감당해야 한다. 그러므로 한 푼도 없는 자는 굶어죽는 것을 면하기도 어렵다. 반면 뇌물을 바치는 경우에는 어떠한 대죄인이라도 방면된다. 후일 상관에게 질책당한 자가 있으면 그저 탈옥하여 가버릴 뿐이다. 부패의 풍속이 극에 달했다고 할 수 있다.

조선의 형벌은 하나같이 관리의 뜻에 따라 행하는 것이 대부분이며, 전국에 똑같이 적용되는 일정한 징벌법이 없다. 지금 그중에 현저히 많은 두세 가지 예를 들어보면 이렇다.

하나, 죄인을 땅위에 엎드리게 하고, 떡갈나무로 만든 길이 4척 5, 6촌, 두께 5푼 정도의 몽둥이를 가지고 살이 찢어져 뼈가 부서지기까지 그 정강이를 친다.

둘, 죄인으로 하여금 궁둥이를 드러나게 하고 땅위에 엎드리게 하여 곤봉을 가지고 친다. 곤봉 대신에 채찍을 사용하기도 한다.

셋, 죄인의 사지를 비틀고, 그 관절을 빠지게 한다. 또 죄인의 몸을 힘으로 굽혀, 심하게 묶는다.

넷, 목을 베는 죄라도 고귀한 사람은 약을 먹게 한다.

다섯, 손 또는 머리카락을 묶어서 천정에 늘어뜨리고 그것을 친다.

무관

무관들은 단지 그 이름만 가지고 있을 뿐, 손자孫子와 오자吳子의 병법서를 음독도 할 수 없다. 무예가 무엇인지도 모르는 양반이 정부에 돈을 내고 임용을 받는 것이다. 이들은 첨사, 수사, 병사, 병마절도사 등으로 불린다. 훌륭한 관직명만을 가지고 있을 뿐, 부사, 군사들과 다를 바가 없다. 그들은 단지 모질게 구는 호랑이와 승냥이 무리에 불과할 뿐이다.

무관이라고 하는 것은 문관에 대한 하나의 명칭에 지나지 않아, 감히 병졸들을 이끌고 나라를 지키지도 못한다. 요즈음 조선에서 거문도巨文島에 첨사*를 둔다고 하여 우리나라의 여러 신문에서 이를 과장되게 쓰고 있다. 이는 국방상 긴요하기 때문이 아니라, 매관賣官의 필요상 그러는 것이다.

무관의 예복은 흉배에 호랑이를 수놓고, 또 갑옷과 투구를 가지고 무장할 때도 있다. 그러나 평상복은 문관과 다르지 않다.

---

* 조선시대 각 진영鎭營에 속하였던 무관직. 절도사節度使 아래이며 병영의 병마첨절제사와 수영水營의 수군첨절제사로 나뉜다. 주요 해안지방과 평안도·함경도의 독진獨鎭·진관鎭管은 첨절제사가 관할했으며 이 경우에 한해 약칭으로 첨사라 했다.

병정

병정은 무뢰한을 모아 봉급을 주고 흑색의 목면 옷을 입게 한 것이다. 저들 무뢰배는 품삯을 탐하기 때문에 병정이 된다. 병정은 원래 조선 상하의 인사 가운데 지위가 낮은 자이다. 본래 간성干城의 분개가 있고 국가를 지키는 뜻이 있던 자가 아니다.

흑색의 목면 옷을 입고 철포를 어깨에 메고, 그들은 봉급을 얻기 위해 병정이 되었다. 만약 전쟁이 일어나면 철포를 버리고 평상복을 입어, 적병에게 당할 걱정이 없게 하면 된다는 것이 저 병사들이 항상 자랑하는 바이다. 따라서 그들이 술과 도박에 빠져 그 재산이 궁핍해지면 철포를 저당 잡히는 것은 조금도 이상할

● 조선 경성의 병영

것이 없다.

　정부는 봉급을 주지 못할 때, 저들 무리로 하여금 부자를 위협하고 부잣집을 약탈하게 한다. 경성 안에 겨울철 도적이 많은 것은 정부가 겨울 봉급을 병사에게 주지 않는 것이 한 원인이다. 지난겨울 정부는 경성 안에 영을 내려 야간통행을 금하고, 말하기를 "도적이 많아 야간통행을 금했다"고 한다. 병정에게 약속한 봉급을 줄 수 있었다면 정부는 이 영을 발할 필요가 없었을 것이다. 아아, 조선의 당시 사정을 알만하다.

　병사의 철포가 변해서 술 밑천이 된다. 병사 하나를 잡으려고 하면 마땅히 술로 해야 한다.

지방관

지방관의 연한은 3년으로 만기를 삼는다. 그러나 재임하기를 원하는 사람은 다시 돈을 정부에 내고 그 관직을 사기도 한다. 작은 현의 정가는 3천 냥 즉 9백 엔, 이 이상은 품위나 지방 몫의 다소에 따라 높고 낮음이 있다. 1만 엔을 내면 관찰사가 될 수 있다고 한다. 관찰사는 도의 왕이고 감사라고 칭한다. 한 도의 주재자이다.

지방관이 교대할 때에 우리나라와 같이 사무 인계 등은 없고, 다만 그 인수印綬를 받는데 지나지 않는다.

안성의 군수를 홍 모라고 한다. 백성들에게 세금을 심하게 거두어들인다는 소문이 있다.

일찍이 그 수하의 민 모가 도박에 이겨 수천 금을 얻었다고 듣고, 하인에게 명하여 그를 잡아서 하옥시켰다. 그에게 여러 날 태형을 가하다가 어느 날 죄상을 두고 "너는 도박을 하여 국법을 어겼다. 그 죄가 가볍지 않다. 그러나 네가 만약 속죄금을 내면 그것으로써 그 죄를 면해줄 것이다"라고 말했다고 한다. 모는 하나도 가지고 있지 않다고 하여 끝내 옥중에서 죽었다. 아마도 군수가 모와의 도박에 진적이 있어 이런 일을 벌인 것이리라.

관인은 모두 도적

어느 외국인이 한인에게 귀국의 관리가 마음대로 인민의 재화를 빼앗는 것을 보면, 관리는 오히려 공도公盜라고 칭해야 하는 것이 아니냐고 했다. 관리가 인민을 괴롭히는 것이 사도私盜보다 심하다. 무엇 때문에 이들 관리를 죽이고 국가의 해를 제거할 것을 도모하지 않는가. 그렇다. 그렇게 생각하지 않더라도 지금의 관리는 도적이 아닌 자가 없고, 가령 한 몸을 희생하여 관리 한 명을 죽여도 그 뒤를 계승하는 관리 역시 도적이 되는 것이다. 이를 어찌할 것인가. 아아, 그들은 실로 불쌍하다. 천 명의 악인 총독 '게슬러'가 있어도 '윌리엄 텔'로 자임하는 한 사람을 내면 관리가 어찌 그 욕심을 드러낼 수 있겠는가.*

한인은 이렇게 참담한 지옥에 살아도 그것을 개의치 않는다. 옆 사람으로 하여금 도리어 무참하다는 생각이, 측은하다는 생각이 들게 하는 자, 이것은 고래의 유전성에 의한 것이다. 아아, 무기력한 한인배는 우는 아이와 지도우地頭**에게는 이길 자 없다고 미리 자포자기하고, 비참한 지경에 이르러 신음하고 있는 것인가.

문벌정치와 번벌정치***는 그 이름은 달라도 방법과 폐해가 같다. 이 둘 다 지사의 분발이 절실히 필요한 것이다.

---

* 오스트리아의 총독 게슬러의 압제에 맞서 싸운 활의 명인 윌리엄 텔의 투쟁 이야기이다.
** 가마쿠라 막부와 무로마찌 막부가 장원·공령公領을 지배하기 위해 설치한 직. 에도시대에는 영주를 그렇게 불렀다.
*** 메이지 유신에 공이 있었던 번藩의 출신자들이 만든 파벌적인 정치.

조선에서는 빈객을 향응할 때에 우리나라와 같이 산해
의 진미를 차려놓고, 그들을 취하게 하거나 싫증나게 하
지 않는다. 가령 귀빈을 초대할 때, 배, 곶감, 밤 종류와
돼지, 양 혹은 닭, 꿩, 오리 등의 고기, 혹은 삶은 고기와
어류 1, 2품, 야채 절임 2, 3품을 한 상에 가져오지만, 술은 우리나
라의 작은 주전자와 같은 것에 담아서 온다. 그리고 술을 2, 3번
주는 정도에 이르면 억지로 권하는 일을 하지 않는다. 한 병의 술
이 다 마셔 없어져도 또 다시 가져오는 일이 없다. 이 습관만은 자
못 좋은 일이다. 그래도 조선 사람은 진미를 조금씩 맛보기보다는
맛이 없는 것이라도 배부르게 먹기를 원하는 풍습을 가지고 있다
들었다. 그들은 맛없는 것이라도 배불리 먹는 것을 일상으로 한
다고 한다. 도쿄 센쥬千住의 상인 모가 60잔을 마셨다고 하자, 한인
도 양보해서 겨루기를 피한다. 일찍이 들은 바로는 야만인의 위주
머니는 개화인보다 크다고 한다. 한인은 우리가 반으로 만족하는
밥을 두 그릇이나 먹고서야 배부른 모양을 하는데 이것도 야만의
징후인가. 술자리에서의 그들의 거동을 상상할 만하다.

어떤 사람이 말하기를, 3항(인천·부산·원산) 및 경성의 영사관 등
에서는 각국의 사신을 초대하여 연회를 열 때는 가능한 한 양식
으로 향응한다고 한다. 이것은 한인이 먹는 것에 욕심을 부려, 일
본요리로 대접을 하면 다른 외국인들이 젓가락도 대기 전에 먼저
사양도 않고 먹어치워 다른 손님에게 폐를 끼치게 되기 때문이다.

황실의 운이 다하여 24군에 도무지 사람이 없다는 탄식이 나온다. 이제 국가에서 사람을 세울 수 없음을 후회해도 이미 어찌할 수 없게 되었다. 아아, 조선의 금일은 이렇게 국맥이 장차 끊어지려고 하여 겨우 열국의 균형 위에, 헐떡이며 남은 숨을 보존하고 있는 것이 아닌가. 정말로 적개의 뜻이 있는 자는 검을 빼서 일어날 때가 아닌가. 그런데도 한인은 너무도 무사태평하여, 조야가 모두 정신없이 함부로 봄잠을 탐내고, 밤에 내리는 비바람에 낙화를 재촉하고 있음을 알지 못한다. 장차 이것을 무슨 말로 평할 것인가.

어느 날 청주의 최 모라는 자가 괴산에 있는 나의 거처를 찾아와 이렇게 말했다.

"내가 입지서를 읽은 지 여러 해인데, 아직 좋은 운을 타지 못하여 겨우 아동을 가르치는 것으로 입에 풀칠을 하며 공허하고 곤궁하게 엎드려 있다. 언제 날개를 떨칠 것인지 기약이 없다. 바라건대 공이 나를 데리고 당신 나라에 돌아가 달라. 당신 나라에서 유능한 인사들과 만나 고담을 접하여 재학을 기르고, 그 다음 서서히 도모하는 바가 있기를 바란다."

나는 이에 '이 사람은 혹 한인 중에서도 쟁쟁한 자가 아닌가. 그는 시사가 날로 잘못되는 것을 보고 스스로의 몸을 바쳐 이에 감당하려고 하는 자, 쓸모있는 인물이 아닌가. 그렇다면 그의 뜻이 자못 기쁜 일이 아닌가. 충정을 보이고 서로 비추어보면 크게 도움이 되는 바가 없지 않을 것이다' 하는 생각이 들었다. 그래서 그에게 물었다.

"공은 지금 조선을 태평하다고 하는가?"

그가 답했다.

"소인, 묘당에서 군자의 재주를 펼 땅이 없어 태평이라고 말할 수 없다."

내가 다시 물었다.

"나라가 이미 쇠운에 처하고 우국지사는 정말로 그 힘을 다해야 하는 때이다. 국세를 펴서 조정의 기강을 바르게 하기 위해 어떠한 대책을 취할 것인가."

이에 그는 이렇게 말했다.

"그 자리에 있지 않으므로 말을 하는 것이 불가능하다. 불초 천학이 어찌 공의 앞에서 말할 수 있겠는가."

나는 또 생각했다. 그는 다른 이목이 두려워 답하기를 꺼리고 있다. 자신이 가지고 있는 가슴 속의 기획은 들을 만한 것이 아니라고. 나는 다시 붓을 잡고 서서히 자신의 생각을 토로하여 말하게 했다.

몇 차례 대화가 오고가고 나서야 그는 말했다.

"지금은 집안의 이름이 떨어져 아무도 몰라주지만, 지금부터 10세 이전에는 영의정을 3대나 지냈다. 나의 아버지와 할아버지를 생각할 때마다 피눈물이 나는 것을 금할 수 없다. 나는 일찍이 신명에게 맹세해 말했다. 살아서 집안의 이름을 드날릴 수 없다면 죽어서 제사도 지내지 못하는 귀신이 될 뿐이라고. 이것이 나의 뜻과 절개이다. 공이 나를 당신 나라에 데려가, 후일에 그곳에서 내가 뜻을 얻어 큰 집과 높은 누각에서 일어나서 눕고, 구정九鼎*에 포식할 수 있게 된다면 이것은 모두 공의 선물이 아니겠는가."

아아, 나는 그를 지나치게 높이 평가했다. 그는 나라를 근심하는 사람이 아니고 집을 걱정하는 사람이었다. 집을 걱정하는 것이 걱정하지 않는 것보다는 낫다. 그러나 국운이 급급하고 위태함에 직면한 지금, 단지 집 있는 것만을 알고 나라 있는 것을 모르는 자, 한인이 모두 이러하다. 조선은 드디어 한 사람의 의사義士도 없게 되었다. '如是江山坐付人'** 나는 혼자 이방의 손님으로서 사뭇 소매를 적신다.

그가 집을 걱정하는 것이 나라를 걱정하는 바탕이 되기는 하겠지만, 애석하다. 우물 바닥에 앉아 하늘이 큰 것을 알지 못한다.

---

* 우왕禹王 때 주조한 솥, 하은주 삼대 전해진 보배.
* 남송의 정치가·시인 육유陸游가 지은 우국의 부의 한 구절. 「陰平窮冠非難禦, 如此江山坐付人」, 『검남시고劍南詩稿』.

작년 4월 하순경에 황해도를 여행하면서 서흥瑞興의 객사에 머물렀을 때 노새를 탄 2, 3명의 여행객이 문을 밀고 내 방으로 들어왔다. 한 사람은 나이가 60세 정도로 반백의 노인이었고, 한 사람은 44, 5세 정도로, 성근 수염을 한 사람이었다. 모두 이중 갓을 쓰고, 엷은 청색의 아름다운 외투를 입었다. 행동거지가 단아한 모습은 결코 보통의 상인이 아닌 것 같았다.

처음 나를 보고 의심스러운 얼굴을 하다가, 이윽고 무슨 말인가 하려고 했는데 조선의 말에 익숙하지 않은 나는 무슨 일을 말하는지 알 수 없었다. 그들은 초조하게 생각하고 손가락으로 돗자리 위에 무슨 일인가 썼다. 언뜻 보니 공은 어느 나라 사람인가 하고 묻는 것이었다. 나는 내가 일본인이라는 것을 그들이 알지 못했기 때문에 의심스럽게 묻는 것인가 생각하고, 우선 일본인이라고 답했다. 그들이 이상하게 생각하고 다시 묻기를 "일본인은 수염을 깎는 풍속인데 당신은 왜 기르고 있는가" 하였다. 당시 나의 몸차림은 양복에 안경을 쓴, 부산 경성에서는 익숙하지 않은 모습이어서 그들이 그렇게 물은 것이었다.

"나는 일찍이 듣기로 이 나라에서는 시장 사람을 천하게 여긴다고 했는데, 수염을 가지고 있어 충분한 신용을 얻어 수십 일 쌓인 여행의 근심을 이 저녁에 씻어버렸다"고 말했다. 그리고 우리나라의 풍속에 상인은 수염을 기르는 일이 없고 다만 이것이 있는 것은 선비뿐이라고도 말했다.

그들은 나의 답을 듣고, 나의 얼굴을 들여다보더니 서로 무엇인가 말을 했다. 그리고 짐 속에서 붓과 종이를 꺼냈다. 내가 선비이고, 다소의 문자가 있다는 것을 알고 필담을 하려는 것이었다. 서로 성자姓字를 통하고, 첫 대면의 예를 마치고 그들은 천천히 말하기 시작했다.

"공은 이웃나라의 선비이므로 틀림없이 사적에 풍부할 것이다. 알지 못하는 귀국(일본)의 인사가, 임진년의 일을 가지고 폐방을 적대시하는 것이 많지 않는가?"

임진의 일이란 대개 태합(太閤, 도요토미 히데요시)의 정한 역을 말한다. 내가 혼자서 생각하니, 임진 역은 우리가 대승하고 조선은 대패하였으므로 대승을 가지고 대패한 사람을 적대시할 이유는 없는 것 같았다. 그런데 지금 그들의 질문은 나의 예상 밖에서 나오는 것이었다. 그가 혹 아군을 친 자라고 생각하는 것이 아닐까? 잘못된 소문을 믿고 있는 것이 아닐까? 나는 자못 우스워졌다. 붓을 잡고 썼다.

"임진 역에 팔도의 초목이 모두 아군에게 유린되었다. 아군은 전승, 이겨서 한을 금일에 품는 자가 있지 않겠는가."

그는 몹시 불평하는 것 같이 붓을 잡고, 전라 연해 혹은 경상도 동부의 전황을 매우 상세히 말했다. 그리고 마지막에 말하기를, '귀국이 역사를 꺼려해서 사실을 전하지 않을 뿐이라'고 했다. 나는 견문이 적어서 정한사에 정통하지 않다. 그러나 고니시 유키나가小西行長*, 가토 기요마사加藤清正** 등의 전군이 부산에 상륙하여 파죽의 기세로 경상도·충청도 두 도의 중앙부를 치고 마지막에 경성에 들어간 전말을 설명하고, 그것으로 그들이 잘못 알고 있는 것을 크게 바로잡았다.

"귀국의 역사와 우리 역사가 전하는 바는 같지 않지만, 이를 사실에서 구하기를 청한다. 귀국이 이겼다고 하는 것인가. 그렇다면 아군이 어찌 사람이 없는 땅을 가는 것과 같이 멀리까지 말을 달려 팔도를 유린할 수 있었겠는가. 어찌 두 왕자를 사로잡을 수 있었겠는가. 아군이 만약 패배했다고 하면, 귀국은 왜 고심하여 명나라에 원조를 구했는가. 무엇을 고심하여 기내畿內를 벗어났는가."

그들은 내 글을 보더니 망연해했다. 이제까지는 한 마디를 붓으로 끝내면 서로 무엇인가 말을 했으나, 바로 입을 다물고 얼굴이 빨갛게 되었다. 비스듬히 나를 곁눈으로 보고, 또 서로 얼굴을 보고 잠자코 있었다. 그들의 마음속에 분노를 품고, 한동안 그들의 붓이 축축해지고 마르고 했다.

"만약 진실이라면 공도 적국의 사람이 아닌가."

그들은 과연 붓 끝에 분노를 노출하고, 비로소 나를 보기 시작했다. 아직 웃음은 보이지 않았다. 생각해보니 그들이 나를 좋아

---

* 고니시는 18,700명으로 구성된 일본군을 이끌고 침공하여, 부산진성과 동래성을 함락시키고 한양을 점령하고 평양에 주둔했다. 그러나 조명연합군에게 쫓겨나 돌아갔다. 정유재란 때 다시 참전하지만 1598년 8월 도요토미 히데요시가 죽자 후퇴했다.

** 임진왜란 때 좌선봉장을 맡아 함경도로 진격하여 임해군과 순화군을 포로로 잡았다. 이후 고니시 유키나가와의 반목과 조선군의 반격으로 남쪽으로 후퇴하게 된다. 1596년 귀환명령을 받고 돌아갔으나, 이듬해 정유재란 때 다시 150여 척의 일본군을 이끌고 침략해 왔다. 패퇴 후 돌아가서는 구마모토熊本의 초대 번주가 되었다.

하지 않는다는 생각이 든 것은 이때가 처음이 아니었다. 이미 내가 일본인이라고 말했을 때부터 그들은 나를 미워했던 것이다.

아아, 그들은 적개심이 있고, 강개한 뜻이 있다. 보통의 한인이 아니다. 한인 중의 쟁쟁한 자들이다. 나는 이렇게 말했다.

"저 이웃나라와의 교제에서 화해하는 것도 상常이고, 싸우는 것도 상常이다. 어찌 임진의 일을 가지고 폐방을 적국시할 필요가 있는가. 귀국이 이 일을 들어 폐방을 원망하면 폐방 역시 귀국을 원망할 것이다. 원나라가 와서 노략질할 때 귀국은 이것을 인도하지 않았는가. 귀국은 일찍이 우리 쓰시마對馬島를 모두 죽이려 하지 않았는가. 그러나 이러한 일은 모두 과거의 진술일 뿐 다시 물을 필요가 없는 것이다. 하물며 금일에 동아가 위급할 때, 귀국은 국가가 작아 강대국 사이에 끼고, 군대가 약하고 나라가 가난하니, 어찌 그것이 위태롭고 위험한 때가 아니겠는가. 고어에 말하기를, 보거상의輔車相依*, 또 순망치한脣亡齒寒이라고 한다. 귀국(조선)이 폐방에게는 실로 보거순치의 나라가 아닌가. 구구한 지난 날의 자취를 가지고 동아 만년의 대책을 잘못하는 것은 도리가 밝은 사람이라고 할 수가 없다. 귀국의 묘책을 보면 도랑을 깨끗하게 하고 성보를 높이려는 대책이 아니라, 금일은 청에 의지하고 내일은 러시아에 의지하려는 것이다. 스스로 비굴하여 겨우 강한 진秦나라의 비호에 의해 열국 사이에서 안전을 유지하려

---

* 수레의 덧방나무와 바퀴처럼 서로 의지하고 보조하지 않으면 그 존재를 보존하기 어려운 관계임을 비유한 것.

는 것과 같다. 아아, 러시아와 청국 두 나라가 귀국의 문명을 조장하고 귀국의 병비를 튼튼하게 해주며, 귀국의 재력을 증진하기 위해 힘쓰는 형적이 있는가. 부탁할 수 없는데 부탁하고, 의지할 수 없는 데 의지하며, 알지 못하는 것이 이와 같으면 수년을 지나지 않아 귀국은 그들에게 먹히게 될 것이다."

나는 크게 사실을 들어 서양 아이를 믿을 수 없음을 말하고, 또 청국의 정삭을 봉하는 어리석음을 조롱하고, 넌지시 우리나라를 의지해야함을 고했다. 그러나 그들은 나의 말을 듣고 냉정하여, 그 모습이 마치 내가 궤변을 하는 사람처럼 생각하는 것 같았다.

"귀국(일본)이 폐방에게 어찌 보거순치의 관계를 가질 수 있는가. 보라, 넘쳐흐르는 물을. 그것은 두 나라 사이를 가르고 만리를 떨어지게 하고, 청국과 러시아와 경계를 접하여 경계를 교제하는 관계에 있지 않게 한다. 공이 말하는 먼 것으로 가까운 것을 하고, 가까운 것으로 먼 것을 삼는다는 것은 매우 잘못된 것이다. 또한 폐방(조선)은 청국에 있어서 실로 재혼한 신부일 뿐, 폐방이 일찍이 명나라에 조공을 바치고 번이라고 칭하고 신이라고 부른 이래 명조가 폐방을 대우하기를 자상한 어머니가 아들에게 하는 것과 같았다. 휴척을 같이 한 그 은혜의 높고 깊음은 태산泰山 발해도 미칠 수 없는 것이다. 애석하다. 대명大明의 말운이 남풍에 떨치지 못하고, 끝내 사직을 들어 번인(蕃人. 청)의 손바닥에 돌아갔다. 우리나라가 의병을 들어 그들에게 임한다고 해도 중과부적임을 어찌할 것인가. 병자년의 큰 패배에 한을 삼키고 헛되이 번인에게 정삭을 바치는 것이, 어찌 감히 즐겨서 하는 것이겠는가.
마치 장부가 그 남편을 잃고 재가하는 것과 같을 뿐. 이것 역시
세력의 어쩔 수 없음에서 나온다. 그렇다고 해도 뜻이 있는 무리
에 이르러서는 꿈을 꾸는 동안이나 눈 깜짝할 사이에도 어찌 숭
정崇禎*의 두 글자를 잊겠는가. 오히려 괴이하다. 귀방(일본)은 당
당한 서불徐市**의 후예로서 무엇을 고심하여 서양국의 신하가 되
어, 그 정삭을 받들고 누린내가 나는 것을 배우는가. 요컨대 공이
말한 것 같이 자기의 냄새를 모르고 남의 냄새를 적발하는 것, 다
만 웃을 뿐이라는 것을."

　나는 모처럼 소진蘇秦***의 기를 취하여 그들을 설복하려 했으
나 그들이 듣지 않았다. 나에게는 둥근 목침으로 잠을 잘 수 없는
고행이 없게 된다. 순치보거의 논의는 본래부터 웃을만하다. 지
나치게 우리나라를 지목하여 서시의 후예라고 한다. 그들이 시세
를 통하지 않고 사정에 어두워 왕왕 이와 같은 모습을 보인다. 그
리고 스스로 대장부로 있지 못하고, 사대를 국시로 생각하고, 청
국에 대해서는 재가한 부인이라고 한다. 그 정이 매우 불쌍할 뿐

---

* 명나라 마지막 황제인 의종毅宗의 연호로 1628년에 시작한다. 우리나라에서는 명이 멸망하고서
도 이 연호를 계속 사용했다.
** 서복徐福을 말함. 진秦나라의 방사方士. 『사기史記』에 의하면, 시황제에게 "동방의 삼신산三神
山에 불로불사不老不死의 영약靈藥이 있다"고 말하고 수천 명을 이끌고 동방으로 갔다고 한다. 도
착한 곳에서 서복은 「헤이겐히로사와平原広沢」의 왕이 되어 중국에는 돌아가지 않았다고 한다.
서복이 도착한 「헤이겐히로사와」는 와카야마현和歌山県의 나치가츠우라쵸那智勝浦町, 신구우시新
宮市 등이라는 전설이 있다.
*** 전국시대의 책사策士로 처음에는 진秦나라의 혜왕에게 유세하였으나 등용되지 않았다. 후에
연燕나라에 기용되어 6국을 설득하고 합종동맹을 체결하여 진나라에 대항한 인물이다.

이다. 나는 생각지도 않게 웃어버렸다. 그리고 그 뒤 단락의 어구가 의외인 것은 자못 놀랄만하다. 그들은 무엇 때문에 우리나라(일본)를 서양국의 신하라고 하고, 그들의 정삭을 봉하는 것이라고 단정하는가. 나는 잠시 머리를 기울이며 생각하다 잠시 후 그 뜻을 깨달았다. 우리나라가 유신 이래 역일曆日제도, 법률을 비롯하여 가옥, 의복에 이르기까지 서양제도에 의거한 모습을 보고, 그들은 너무 서둘러 우리나라를 바로 서양의 속국이라고 단정한 것이다. 과연 그런가.

그들은 다시 붓을 잡고 썼다.

"폐방(조선)이 지금 청국의 정삭을 봉했다고 해도, 의관은 명나라의 옛 제도에서 변한 것이 없다."

나는 크게 그들의 뜻을 이해함과 동시에 평생 마음에 품고 있는 서양 모방의 풍조에 따르지 않는 의견을 지금 그들의 붓에 의해서 그 극단을 설파당한 것을 부끄러워한다. 내가 현재 입고 있는 의복도 일본 옷이 아닌 것을 생각하면 그들이 무엇 때문에 우리 황실을 서불의 후예라고 부르짖었는지, 그들이 미워할만하다. 나는 나의 감정을 격발하여 지성으로 이것을 논박했다. 그들이 깨닫고, 나도 역시 마음을 풀었다. 들으면 그들은 예상 외로 강개가이다. 자아의 관념이 자못 강하지 않은 것이 아니지만, 숭정의 두 글자를 말하는 것을 보면 사대의 폐습 중에 있는 사람이다. 변칙적 식견가이다. 애석하다, 그들은 문자가 있는데 비해서 시세에 통하지 않고, 사정에 어두운 것을, 그래도 그들은 한인 중에 쟁쟁한 자이다.

짧은 담화에도 많은 시간을 요한 것은 필화 때문이었다. 시계를 보니 이미 1시를 지났다. 그들은 잠자리에 들겠다고 했다. 나도 역시 수십 일의 여행에 피로가 쌓여, 다시 이야기할 용기가 없었다. 서로 베개를 베고 잠자리에 들었다. 시간과 언어에 풍부하지 않은 그들에게 충분히 이해를 얻지 못한 것은 깊이 한이 되는 것이다.

다음 날 아침 헤어질 때, 그들은 편지에

경상도 상주 남면 거주 서병학,   동 문경읍내 거주 박인병

이라고 써서 나에게 주었다. 그리고 무엇인가 말을 덧붙였는데 이해할 수 없었다. 틀림없이 찾아오라고 하는 말이 아닌가 하여 나는 승낙하고 이별했다.

나중에 동학당이란 것이 봉기하고, 인심이 어수선했을 때, 한 정의 조보朝報를 보니, '부도不圖 서병학徐丙學'이란 글자가 눈에 들어왔다. 이전의 필담의 일을 생각하여 자세히 읽어보았다. 그는 충청도 보은에 의거한 동학당의 수령이고 따라서 엄하게 수색하여 옥에 넣어야 한다는 영이었다. 아아, 그는 강개의 지사로서 적개의 뜻으로 달려가서, 드디어 불평군의 수령이 되었는가. 60여 세의 노옹은 실로 조선의 다케다 코운사이(武田耕雲齋, 1803~1865)*이다. 안타깝다. 사정에 어둡고 시세에 통하지 않아, 함부로 외인을

적으로 삼고, 호랑이와 승냥이가 묘당에 누워 있는 것을 모른다.

박인병朴仁炳은 어떠한지 소식을 알 수 없다.

---

* 막말 미도水戶번 천구당天狗黨의 수령으로 1864년 5월 2일 존왕양이 과격파의 난을 일으켰다.

3부

의식주와 기이한 풍속

朝鮮雜記

**묘
지**

　　조선의 풍속에는 묘지를 선택하는 것이 매우 엄격하다. 묘지를 좋은 곳에 얻으면 자손이 반드시 번영한다고 생각한다. 이 풍속은 멀리 수백 년 전에 일어난 것으로 현재 조선왕가의 선조는 그 옛날 여러 가지 곤란에 직면하여 여기저기 떠돌면서 곤핍함에 거의 일가를 지탱할 수 없었던 때가 있었다 한다. 그러나 함경도의 향치산香穉山이라고 하는 명산에 조상을 장사 지낸 공덕에 재기하여 왕이 되었다고 한다. 이것은 이러한 풍속의 남상이지만 그래도 만약 집안에 불길한 일이 생기면 반드시 묘지의 방위가 좋지 않아서 그렇다고 상상을 하고, 점술가를 불러 그의 말을 듣고 새로운 묘지를 골라 다시 개장한다. 개장의 예식은 새 장례식과 같다.

　　한인의 분묘는 하나의 봉분을 하고 있고, 묘표도 없다. 석비도 없고 겹겹이 쌓인 산록 야외에 있다. 간혹 석비가 있는 것은 매우 부유한 양반의 분묘뿐이다.

좋지 못한 의복을 입고, 짚신을 신고, 삿갓을 쓰고 막
대기에 천을 둘러서 꿰맨 것을 양손에 가지고 거리를 배
회하는 자는 친척의 상을 당한 자이다. 거상居喪 기간의
짧고 긴 것은 혈연 관계에 따라 다른데, 이것을 정하는
일정한 법이 있다. 양반은 거상 중에는 시장에 나오지 않는 관습
이 있다.

● 상인喪人

혼인

조선의 법에 동성결혼을 허락하지 않는다. 먼저 처를 얻으려면 양가가 서로 약속을 정하고 길진吉辰을 골라 신랑은 예복(한인의 예복은 명나라 제도의 관복이다)을 입고 말에 올라, 하인으로 하여금 뒤에서 우산을 들게 하여 쓰고, 전후에 수십 인의 종자를 따르게 한다. 앞에 선 자는 한 쌍의 기러기를 갖고(만일 산 것이 없을 때는 나무로 만든 것을 이용한다), 다음에 선 자는 초롱을 들고, 유유히 열을 지어 신부의 집으로 가서 3일간 체재하고 돌아온다.

신부 역시 아름다운 가마에 태워 수많은 사람이 지게 하고, 또 수십 명의 시녀가 호위하게 하여 신랑 집으로 보낸다. 신부가 탄 가마는 호랑이 가죽을 덮은 것이다. 그 가마를 메는 사람 수는 신분에 의해 많고 적음이 있다. 나는 일찍이 신분이 높은 사람의 혼례에 20여 명의 묘령의 여자가 말 위에서 유유히 앞서 호위하고, 경성을 조용히 지나가는 것을 본적이 있다. 신부를 따르는 여자는 모두 머리에 큰 가발을 쓴다. 이것은 조선의 예식이다.

우리나라의 풍속에는 장가드는데 호랑이날을 기피한다. 아마도 호랑이는 천리를 달려가서 천리를 돌아오기 때문이라고 한다. 조선은 도리어 호피를 가지고 신부의 가마를 싼다. 조선과 우리의 겉과 속이 다른 풍속이다.

조선에서 가장 심한 기이한 풍속은 조혼이라고 할 수 있다. 12, 3세의 나이로 벌써 장가를 간 자도 있다. 그리하여 처는 자기보다 나이가 많은 사람을 고르게 되는 것이 보통이다. 12, 3세짜리가 20세 전후의 여자와 결혼하는 것은 조선에서는 결코 이상한 것이 아니다. 이것은 기이한 풍속이라고 할 수 밖에 없다.

어린 남녀가 무슨 일을 하겠는가? 조선의 인구가 매해 감소하는 것은 여기에 원인이 있다.

조선의 부녀

　　조선의 풍습은 유교에 감화되어 형성된 것이 사실이다. 인의의 대도는 물론 관혼상제의 대례를 비롯하여, 앉거나 일하거나 나아가고 물러나는 사소한 것에 이르기까지 하나라도 유교에서 모범을 채택하지 않은 것이 없다. 그래서 염치예의가 땅에 떨어져 공허한 금일에 있어서도, 그 허식과 거짓 형식에 대해서 오륜오상이 드문 것을 인정하기 어렵지 않다. 그래도 눈을 돌려서 내부를 보면 의리가 멸렬하여, 차마 말하기 어려운 것이 있다.

　가령 남녀가 유별하다고 하는 것이 그것이다. 공자와 맹자가 남긴 가르침을 준수하는 것을 보면 중류 이상의 부녀는 외출하는데 반드시 쓰개를 쓰거나, 혹은 가마를 타고 타인에게 얼굴을 보이지 않는다. 또 가옥의 구조에도 외실, 내실을 구별하여, 남자는 항상 외실에 있고, 여자는 내실을 지키고 결코 내문을 나가는 일이 없다. 일이 없으면 형제라고 해도 함부로 내실에 출입할 수 없다. 또 예를 들면 아무리 친한 친구사이라고 해도, 서로 그 부인을 소개하는 일이 없다.

　이렇게 구획이 분명하고, 어떻게 해서라도 규칙적으로 공맹주의의 틀을 만들어 모든 것에 끼우는 것이야말로 공자와 맹자가 지하에서 감복할 만한 일일 것이다. 그러나 도덕부패가 심하여, 이런 엄중한 구획은 겨우 외형을 겉치레하는데 지나지 않는다. 그 내부에서 서로 화간和姦, 강간하는 악풍이 유행하고 있다는 사실은 우리에게 매우 놀랍다. 이러한 엄중한 구획이 있는데도 불구하고 어떻게 해서 남녀가 서로 친하게 상통하는 것일까? 물으니, 간부奸夫가 스스로 여장을 하고 여자 가마에 타고 부녀의 내실에 들어가, 문 밖에는 여자 신발을 벗어두어 눈을 속이고, 안에서는 비밀리에 원앙이 서로 즐기는 것이라 한다. 대개 부녀가 서로 방문하는 것은 일반 습속의 허락하는 바이니, 간부는 그 습속과 부녀가 타인에게 얼굴을 보이지 않는 습속을 이용해서, 교묘히 집안사람이 '누구냐' 하고 심문하는 것을 면할 수 있다. 강간하는 방책도 역시 교묘하다고 할 수 있다. 요즘 경성의 신사 사이에서 행해지는 악풍이라고 한다. 욕심나는 사람이 있으면 남산으로 막는다고 해도 충분하다고 할 수 없다. 도의의 부패, 어찌 구구한 외형의 제재로 막을 수 있을까?

조선의 아동이 외우는 입덕문入德文이라는 것을 보면, 이렇게 말하고 있다.

"내실을 함부로 엿보지 마라. 내실에 부인이 앉아 있는 것을."

멀고도 가까운 것이 남녀사이이다. 구구한 외형의 제재가 어찌 그들의 동물적인 열정을 누를 수 있겠는가.

창
기

조선의 창기는 모두 남의 처첩이다. 남의 처첩이 아닌 자는 창기가 될 수 없다. 그래서 그 남편이 되는 사람의 의식衣食은 모두 여기서 밑천을 대준다. 남편은 스스로 처를 위해 손님을 모으고, 또 스스로 말이 되어 화대를 청구해 온다. 이것은 조선 사회의 일반 상태라고 할 수 있다. 남편은 역시 기부妓夫의 느낌이 있고, 파렴치도 심하다고 말할 수 있다.

부인이 그의 다리 사이의 끝이 없는 밭을 갈아서 남편을 봉양한다. 이것이 그 남편에게 충성하는 것인가. 껄껄.

● 이 그림 중 창기의 오른 쪽에 있는 항아리 같은 것은 과자를 넣는 그릇이라고 고상하게 보아서는 안된다. 이것은 요강이다. 왼쪽의 상자는 나무로 만든 담배갑이다.

조선의 창기 집은 우리의 창기 집과는 크게 취향을 달리하여, 통상 사람이 자기 집에서 자기 처첩으로 하여금 몸을 팔게 하는 것이다. 그러므로 창기 집 하나에 두 사람의 창기가 있지 않다. 우리나라와 같이 손님을 향해 술과 안주를 제공하는 것이 없을 뿐 아니라, 떫은 차 한 잔의 향응도 하는 일이 없다. 다만 겨우 한 두 모금의 연초를 내놓을 뿐이다. 완연한 밀매춘 소굴의 광경, 단지 짐승 같은 욕망을 쏟아내는 요사한 소굴에 지나지 않는다.

창기의 나이는 우리나라의 창기와 크게 차이가 없어도 외설스러운 말을 조금도 부끄러워하는 기색이 없는데 이르러서는 우리나라 창기무리도 미치지 못한다. 뿐만 아니라 그 장식과 용모의 아름답고 우아함은 정말로 국색이라고 칭할 만하지만, 매독을 두려워하는 사람은 결코 그 문을 엿 볼 수 없다. 한 번 그 문에 들어간 자는 떨어진 꽃이 오목한데 빠지는 사실조차도 의심하지 않는다. 대개 조선 창기만큼 매독이 많은 자가 세상에 있지 않다. 창기의 화대는 한 번에 당오전 1관문(30전), 하루 밤에 당오전 3관문(거의 1엔)이다.

한 번 피우는 담배연기에 싸여서 바로 무협巫峽*의 꿈 속을 소요한다. 무슨 간편주의인가.

---

* 협곡의 이름, 호북성 파동巴東 현 서쪽과 중경시 무산巫山 현과 접경하여 있음. 서릉西陵협, 구당瞿塘협과 더불어 삼협이라고 함.

처를 손님에게 내놓는다

조선 내지에서는 돈만 주면 처첩으로 하여금 손님의 머리맡에서 시중을 들게 한다. 이것은 남편과 상의한 뒤의 일이다. 1개월의 지급금이 10엔 이내라고 한다. 우리나라 사람이 내지에서 오래 머물 경우, 특히 상업을 하는 자들 중에 이 추한 것을 배우는 자가 있다.

처를 가지고 손님에게 주는 것은 미자彌子가 복숭아를 베어준* 종류인가.

---

* 전국시대 위나라의 군주 영공靈公에게 총애를 받은 미자는 군주와 과수원에 놀러갔다가 복숭아가 맛있어서 먹고 절반을 군주에게 먹게 했다. 군주는 자신을 사랑해주는 자라고 칭찬했다. 그러나 세월이 지나 미자의 미모가 없어지자 군주의 총애도 식어 남은 복숭아를 먹었다는 죄로 형을 받았다.

남색

팔도 가는 곳에 남색이 유행하지 않는 곳이 없다. 경성과 같이 좋은 집안의 자제라고 해도, 아름다운 옷을 입고 시가를 횡행하며 공공연히 볼기살을 팔고도 부끄러운 기색이 없다. 한어로 이것을 칭해서 '빽 장사'라고 한다, 즉 남색상男色商이라는 뜻이다. 특히 넓적다리를 가리키는 '빽살'이라고 부르는 것은 매우 심하다고 할만하다. 살은 고기라는 뜻이다.

가
마

여기에 보이는 것은 조선의 여자 가마이다. 중류 이상의 부인이 외출할 때는 반드시 여기에 타고 옆 사람이 얼굴을 볼 수 없도록 한다. 남자가 타는 가마도 이것과 큰 차이가 없다. 다만 정면에 발이 없을 뿐, 내지에서는 일본 리수로 1리의 가마 값이 대개 평균 15전이다.

한인의 의관은 만국의 첫째라고 말한다. 그 풍치가 있기로는 아마도 만국의 첫째일 것이다. 그러나 소매가 길고 갓은 크고, 다니는데 편리하지 않은 것도 역시 만국의 첫째일 것이다. 조선 사람의 거동이 우유부단하여 활발하지 않은 원인은, 이 만국의 첫째가는 의복을 입는 데서 오는 자신감에 있다.

한인의 의관은 정말로 아름답다. 그러나 그 가옥은 게집과 제비집과 같이 매우 추하다. 거의 돼지우리라고 평할 만하다. 의관의 아름다움과 가옥의 추함을 비교해 보면, 하늘과 땅만큼의 차이가 있다. 의관이 과연 저 인물에 적당한가, 또 가옥은 어떠한가.

만국의 첫째

관의 종류와 모자를 써야 하는 법

우리나라 현재의 관冠은 모두 서양에서 수입해서 국산의 관은 아니지만, 조선에는 일정한 관이 있다. 계급과 경우에 따라 달라 그 종류가 많다.

경성에 있는 우리 거류지인이 외출할 때에는 반드시 모자를 써야 한다. 만약 이것을 어기면 벌금 50전을 낸다. 다만 길옆에서 소변을 누는 곳을 물을 데가 없다. 역시 조선 경성의 풍속을 알 수 있다.

● 흰 베로 만든 것으로 상을 당했을 때 사용하는 관이다.

● 제갈관(諸葛冠, 촉한의 제갈량 이 썼던 관)이라고 한다. 보통 사람이 쓴다.

● 유관(儒冠, 유생들이 쓰는 관)

● 양반이 집안에서 쓴다.

● 시골양반이 집안에서 사용 한다. 말털을 가지고 거북등 모양으로 짠 망건이다.

● 보통 갓

● 여자용 모자

● 예관(禮冠, 예식 때 쓰는 갓)

● 선달, 도사(都事, 오영장(五營 將) 등이 쓰는 것으로 집안 에 둔다.

평상복

평상복에는 모두 백색을 사용한다. 이것은 조선이 동
방에 위치해 있기 때문인데, 동방은 푸른 것을 숭상하고,
푸른 것은 백색의 중복된 색을 가지고 있기 때문이라고
한다. 어린아이는 홍청, 보라색, 청색 등의 의복을 입는
다. 봄바람이 솔솔 부는 날, 야외에 버들잎의 눈썹이 열린 것 같
은 살구꽃이 웃을 때, 3, 4명의 어린아이가 모여서 새 풀에 장난
하는 것을 본다. 참으로 한 폭의 그림, 묵객의 시정詩情을 움직이
기에 충분하다.

봄 색을 좋아하는 것을 생각하게 된다.

한인은 허리주위에 반드시 2, 3개의 주머니를 항상 늘어뜨리고 있다. 하나는 연초를 넣는 것, 하나는 도박도구를 넣는 것, 하나는 거울, 살쩍髮을 빗는 주걱, 담배종이 등을 넣어 두는 것이다. 그들은 몹시 용모를 꾸미는 버릇이 있다. 때때로 겨를이 있으면 거울을 보고 수염에 난 털을 깎고 있다. 우리나라의 거류지인은 그들이 허리에 차고 있는 것을 한인의 7도구라고 부른다.

두루주머니

엿장수와 신발 수선

구마모토熊本에 조선 엿이라는 것이 있다. 그러나 조선에는 구마모토에 있는 것 같은 엿이 없고, 오히려 우리나라 고유의 엿과 같다. 또 우리나라의 엿장수는 이른바 당나라 사람의 나팔을 부는 것이 상례이지만, 조선에서는 엿장수가 엿판에 엿을 넣어 끈으로 앞에 늘어뜨려서 큰가위를 손에 들고 째칵 째칵 소리를 내며 엿이요, 엿이요소리 지르며 걸어 다닌다. 경성 안에 나막신*을 고치는것을 직업으로 하는 자도 있다. 그 모양은 석유 상자 같은 것에끈을 매고 어깨부터 늘어뜨려서 대나무로 짠 갓을 쓰고 무엇이라고 알 수 없는 소리로 부르면서 거리를 왕래한다. "신발 고쳐요,신발 고쳐요"라고 부르는 것 같다. 우리나라의 '디디デイデイ'**와 비슷하다. 한인이 신는 나막신은 아래 그림과 같다.

● 엿장수 "엿 사려" 하고 외치면서 걷는다.

● 비올 때 신는 신발

* 비가 온 진땅에서 신는 나무로 만든 신. 일본의 게다下駄와 비슷하다.
** 에도에서 눈이 올 때 신는 신발雪駄 수선공이 다니며 부르는 소리.

조선의 중류 이상의 부녀는 다른 사람에게 얼굴을 보이는 것을 부끄럽게 생각하는 풍습 때문에, 의복 장식품 등을 조달하는 것도 항상 모두 하인이 구해오도록 한다. 부녀에게는 부녀의 기호가 있다. 하인의 기호를 어떻게 부녀의 기호에 맞게 할 수 있겠는가. 그러나 물건을 사는 것은 일체 남자에게 맡기니 조선의 부녀는 남자의 생각 안에서 그 기호를 만족시킬 수 밖에 없다. 습속이라고는 하나 부자유 천만한 일이 아니겠는가. 그래서 우리나라에서 수출하는 물품도 부녀의 용구가 되는 것이 매우 적다.

지금 만약 조선의 부녀들에게 용이하게 기호의 욕심을 채울 방법이 생긴다면 수출품의 액수가 필연적으로 증가할 것이다. 그 방법은 다른 것이 아니라, 바로 우리 상인 집안의 부녀가 스스로 어학을 연구하여 조선의 부녀와 교제하고 이것으로 판로를 확장하는 데 있다. 이것은 결코 힘든 일이 아니다. 조선의 부녀는 우리나라의 부녀와 교제하기 원하는 자가 매우 많다. 가령 일면식도 없는 집의 내실이라 하여도, 부녀라면 어느 나라의 사람인가를 묻지 않고 자유로 출입할 수 있다.

이 방책은 단지 상업상에 있어서만이 아니라, 조선 부인을 개화로 이끄는데도 가장 좋은 방책이라고 할 수 있다.

우산

조선에 우산이라는 것이 없다. 근년 우리나라에서 우산 혹은 양산 등을 수출하면서부터 이것을 사용하기에 이르렀다. 그러나 그것은 10인 중 겨우 한두 사람으로 대개는 우산을 가지고 있지 않다. 조금이라도 비가 내릴 때는 갓 위에 기름종이로 만든 덮개를 붙이고 의복은 젖은 그대로 걸어간다. 여행하는 자는 유삼油衫*으로, 우리나라의 갓빠合羽**와 같은 것을 입는다. 그러나 비가 올 때는 외출하지 않는 것을 습관으로 한다. 비가 올 때 시가는 자못 적막하다. 또 개었을 때는 14, 5전 정도 되는 우리나라의 우산을 양산으로 해서 쓴다. 그 의기양양한 모습은 우리로 하여금 무의식중에 웃음을 참을 수 없게 만든다.

---

* 비·눈 등을 막기 위하여 옷 위에 덧입는 기름에 결은 옷.
** 면포나 종이에 동유桐油를 발라서, 모양도 소매가 없는 둥근 것에서 옷 같은 비옷으로 되었다.

조선의 현재 미술품 중에는 하나도 감복할 만한 것이
없어도, 삿갓이나 관 등을 말꼬리로 짜는 것을 보면 그
손끝이 여문 것에는 놀라지 않을 수 없다. 어느 사람이
평했다.

뜨개질

"이것은 거미가 그 집을 짓는 것과 같다."

거미가 집을 짓는 것이 매우 정밀하지만 이것을 옮겨 다른 것
으로 사용할 수가 없다. 관과 갓을 제작하는 기교를 다른 것으로
바꾸면 조선의 미술이 어찌 금일에 그칠 것인가. 그러나 이 평가
는 매우 잔혹하다. 이것을 가르치고 이것을 이끌면 그들이 어찌
그 재능을 드러내지 않겠는가.

세탁과 다듬이질

개울가에 나가면 옷을 세탁하는데, 물에 담군 옷을 평평한 돌 위에 놓고 한자 정도 되는 막대기로 몇 번인가 두들겨서 때를 없앤다. 이렇게 하면 옷감이 상하기 쉽지만 때는 완전히 없앨 수 있다. '浣素素逾白, 浣紅紅漸空(흰 것을 빨면 흰 색은 더욱 하얗게 되고, 붉은 것을 빨면 붉은 것은 점점 없어진다)'이라는 구절을 상기시킨다. 이런 원망을 펴는 이가 있는지 없는지, 개울물 깨끗한데서 노파와 젊은 부인이 모여 옷을 빠는 모양은 볼 만한 광경이다.

이렇게 빤 옷을 모두 산자락에 말린다. 그 모양이 여름의 더운 하늘에 아직 눈이 남아 있는 가하고 의심할 정도이다. 옷을 말리는 산자락을 바라본다. 이렇게 말린 옷을 가지고 집으로 돌아와 다듬이질한다. 마무리하는 밤의 한층 높은 다듬이 소리, 달이 나오는 산을 넘는 밤의 다듬이 소리, 長安─片月, 萬戶擣衣聲*(장안하늘에 한 조각 달, 집집마다 다듬이질하는 소리). 가을의 가련함을 둘러싸고 두들기면 소리가 몸에 스며든다. 실로 끝없는 나그네의 회포를 당기는 것은 이 다듬이질 소리이다.

---

* 이태백의 자야오가子夜吳歌 중의 추가秋歌.

어린아이의 장난감

　　조선 사람은 일상 꼭 필요한 것을 빼고는 돈을 들여서 구매하는 것이 없다. 일찍이 우리나라 사람이 조선에 어린아이의 장난감 없는 것을 기화로 한 번에 큰 이익을 얻으려고 경성에 장난감 가게를 열었다. 그런데 물건을 하나도 팔지 못하고 불행히도 폐점하지 않을 수 없게 되었다. 조선 아동의 유희는 주로 도박으로 그 승부를 정하는 법이 매우 많다. 종이 연, 그네, 피리, 죽마竹馬* 등 시절에 따라 유행하는 것이 있다고 해도, 돈을 주고 완구를 사는 것은 결코 그들이 하는 것이 아니다.

　　빈약국이 스스로 검약을 지키는 풍습이라 매우 가상하다.

---

* 두 개의 대막대기에 각각 발걸이를 붙인 놀이 기구.

이미 부인을 맞아들인 자는 상투를 틀고 갓을 쓴다. 또 처가 없는 자는 30, 40세에 이르기까지 갓을 쓰지 못하고 머리카락을 뒷머리에 땋아서 등에 늘어뜨린다.

갓을 쓰는 자를 부르는데 모 서방이라고 한다. 갓을 쓰지 않은 자를 아이라고 말하고, 모 도령이라고 부른다. 또 그 이름을 부른다. 가령 연장자이지만 항상 갓을 쓴 소년에게 막 불리고 모든 일에서 권력이 없다.

12, 3세의 서방과 24세의 도령, 可笑好一對(두 사람이 잘 어울리는 것은 재미있다).

지게꾼

　　전쟁을 할 때에 운반병에 편입하는 '짐꾼'이라 칭하는
사람이 있다. 무기를 등 위의 나무桁에 얹고 운반하여 돈
을 받는다.

무격이란 사람의 의뢰를 받아 길흉화복을 말하고, 악
귀를 쫓아내는 등의 일을 하는 자라고 한다. 이러한 일을
하는 것은 여자도 많다. 이러한 여자는 또한 은밀하게 몸
을 파는 것을 직업으로 한다. 마귀와 질병을 쫓아내는 기
도란 그들이 그 의뢰인의 집에 이르러, 주문을 외우면서
북을 치고 혹은 춤을 추고, 혹은 광태를 하는 것이다. 또
맹인으로 하여금 귀신을 쫓는 기도를 하는 것도 있다. 저들의 의
관은 모두 보통 사람과 다르다.

남자무당

질병자

여름에 야외를 걸으면 곳곳에 가마니를 가지고 둘러서 벽을 만들어 반 칸 사방의 작은 집에 짚을 깔고 마르고 수척한 사람이 고통스럽게 누워 있는 것을 본다. 이것은 구걸하고 있는 것이 아니고 전염병에 괴로워하는 사람이다. 조선에서는 역병을 죽을병이라고 부르고, 그것이 치유된 사람을 요행이라고 한다. 그러므로 이 병에 걸린 사람이 있으면, 가족을 전염시키는 것을 걱정하여, 야외의 작은 집에 옮겨놓는다. 물론 약을 주는 일이 없으며 대개 버려서 죽이는 것과 같다. 아아, 무정하다.

시체를 야외에 두어 우로를 맞게 하는 풍속, 과연 이것을 말한다.

우리나라에는 무슨 무슨 옥屋이라는 것을, 조선에서는 무슨 무슨 방房이라고 한다. 삿갓방, 은방, 안경방 류가 모두 그렇다. 또 학교를 칭해서 자방字房이라고 한다. 문자를 발매한다고 하는 의미인가.

우리나라의 하숙집도 요즈음 반드시 무슨 무슨 관이라고 호칭한다. 그리고 서고도 도서관이라고 한다. 대개 서적을 두는 곳이라는 의미인가.

남은 음식을 탐하는 것

내가 여행 중에 가장 기이한 풍습이 아닐까 하고, 놀라 이상하게 여긴 일을 이야기 한다. 언젠가 모처에 묵었을 때, 여관 주인이 나의 돈 주머니가 무거운 것을 보고, 좋은 손님이라고 생각하고 만사 진지하게, 저녁식사의 반찬은 무엇이 좋으냐는 등 의외로 정중하게 대우했다. 이윽고 내가 저녁밥을 들었을 때, 가까운 곳에 있는 사람으로 생각되는 남자가 왔다.

주인은 그의 모습을 보자, 바로 와서 그 사람과 여기에서 한 바탕 논쟁을 야기했다. 주인이 말했다.

"무슨 용무가 있어서 왔는가. 썩 돌아가라."

그러자 그자가 말했다

"일본인의 음식물을 보려고 왔다. 잠시 여기에 있는 것을 깊이 나무랄 것이 없지 않느냐."

주인이 말했다.

"아니 네가 식사 때를 재서 온 것은 남긴 음식을 먹으려는 것이 아니냐. 귀한 손님이 남긴 것을 너에게 줄 리가 있겠느냐."

그자가 말했다.

"아니다. 그러나 의심한다면 그냥 가면 그만이다."

그는 그렇게 말하고 얼굴을 붉히며 돌아갔다.

내가 혼자서 생각하니, 주인의 말이 그를 심하게 모욕한 것이다. 그가 아무리 야비하다고 해도, 어찌 나의 남은 음식을 바라는 자이겠는가. 나는 나중에 이르러 깨달았다. 그자는 실로 나의 남은 음식을 얻으려고 온 것이었으므로, 주인은 정말로 이것을 주는 것이 아까웠다는 것을. 의식이 풍족하고 예절을 아는, 이 나라에서 이런 풍속이 있는 것이 역시 이상하다.

한 그릇의 남은 음식이 아직도 한인으로 하여금 입에 침을 튀게 한다. 한 자리의 진수성찬에 그들은 생명을 거는 것인가.

상
어
고
기

상어의 지느러미는 지나인의 기호물로서 그 가치가 매우 귀한 것이다. 그래서 상어잡이는 다만, 그 지느러미를 잘라낼 뿐이고, 그 고기는 바다 가운데 버리는 것이 보통이다.

나의 친구 다케다 시요우武田紫陽란 자가 작년 전라도의 금갑도라고 하는 곳에 주거를 마련하고, 일대의 어부와 함께 이 사업에 종사했을 때, 다케다가 생각한 것은 상어의 고기를 허무하게 바다에 버리는 것은 몹시 아까운 일이라는 것이었다. 소금에 절여서 부산에 보내면, 상당한 이윤이 있을 지도 모른다고 시험 삼아 2, 3마리의 상어고기를 길이 2척 정도로 잘라서 조금 소금에 절여서 배에 쌓아두고, 부산을 향해 출발했다.

때마침 초여름이었는데, 2, 3일을 지나지 않아 고기는 부패하고, 이상한 냄새가 배의 밑바닥으로부터 올라와, 4, 5일 후는 구더기가 끓어서, 거의 감당할 수가 없게 되었다. 이대로 부산에 도착하면 호열자 전염병의 매개가 될지도 모른다. 사람들에게 당하는 것도 귀찮고 그렇다고 겨우 여기까지 가져온 것을 중도에 버리기도 마음이 내키지 않고, 어찌해야 좋을지 고민하다가, 하여간 낙동강 하구를 거슬러 올라가서 한인에게서 고객을 찾으려고 생각했다.

조금 올라가서 명호鳴湖라고 하는 곳에 도착했을 때, 한동안 그대로 두고 배 밑바닥에 닫아 두었던 상어고기를 꺼내서 해안에 운반하는데, 냄새가 코를 찌르고, 구더기가 셀 수 없을 정도로 있었지만, 고기는 그다지 변하지 않았다.

 마침 많은 한인이 모여와서 사기를 원했다. 한 근에 얼마씩이라고 하면 저들은 그다지 가격이 비싸다고 말하지 않고, 이것은 크다, 저것은 작다고 평하면서 냄새도 구더기도 신경을 쓰지 않고 사가지고 돌아갔다. 금방 고기를 팔아 생각지도 않은 이익을 얻었다.

조선의 소금

조선의 소금은 그 제조법이 매우 조악하기 때문에 윤기가 없이 마치 재와 비슷하다. 나는 내지를 여행할 때마다 볶은 소금을 휴대하고, 그것을 조미료로 삼는다. 일찍이 문경의 여관에 묵었을 때, 여관의 주인이 나의 짐 속에 소금이 있는 것을 보고 그것이 볶은 소금이라는 것을 모르고, 나에게 그것이 무엇인가를 물었다. 나는 소금이라고 말했다. 그러자 주인은 그것을 한 덩어리 얻기를 청했다. 나는 허락하여 그것을 주었다. 주인은 한번 맛보고 말하기를, 이것은 약 소금이라고 불렀다. 그리고 그것을 보물처럼 보관했다.

정월의 놀이는 양쪽 마을의 사람들이 서로 반대편으로 갈라져서, 돌을 던지면서 승패를 정하는 것이다. 그 승패에 따라 양 마을의 1년의 길흉을 점친다고 한다. 처음에는 하나의 장난처럼 시작되지만, 차차 불꽃이 퍼지는 것처럼 싸우기에 이르러서는 흡사 전쟁과 같이 된다. 일진일퇴, 일허일실 서로 지지 않으려고 싸우기까지 하니 매년 사상자도 적지 않다. 치쿠젠筑前, 하코자키箱崎, 하치반八幡 지방의 다마 아라소이玉爭가 진화한 것일까.

● 한인이 나무통을 어깨에 맨 모습

　　종일 더운 김이 나는 것이 시루 안에 앉아 있는 것 같
다. 근육이 이완되어 힘이 빠진다. 사뭇 여름날이 긴 것
을 생각한다. 해가 저물어 한바탕 부는 청량한 바람을 얻
어 조금씩 종일의 고뇌가 씻길 때, 갑자기 종과 북이 울
리고, 웃고 떠드는 사람소리가 떠들썩하게 귀청을 울린다. 관아
의 문 앞은 사람이 벌써 산을 이루고, 풍년 춤은 흥이 이미 한창
이다.

　　어린아이 하나는 장부의 어깨에 서서 손을 흔들며 춤을 춘다.
징을 울리면서 북을 친다. 박수갈채가 사방에서 일어난다. 춤이
끝나, 징소리를 멈추고 북소리를 거두어 시끄러운 소리 역시 조

금 조용해진다. 순식간에 가늘고 고운 자태의 얌전한 기녀들이 양쪽에 서너 명이 치마를 날리면서 우아한 걸음걸이로 간드러지게 관중 앞에 나타난다. 대중들은 다시 시끄러워지고, 종과 북소리가 다시 일어난다. 기생은 조용하게 노래를 부르고, 사뿐히 춤을 춘다. 춤추는 자태는 미친 나비가 현포玄圃*에서 노는 것 같다. 노래를 부를 때는 아리따운 꾀꼬리가 매화에게 지저귀는 것과 같다. 천만가지의 자태, 앉아 있는 관객이 감탄하지 않을 수 없다. 이것이 한인이 풍년이 든 것을 축하하는 풍년 춤이다.

---

* 곤륜산에 있다는 신선이 사는 곳.

잉어깃발

남자가 태어난 집에는 단오절에 잉어깃발을 내걸고 축하하는 것은 우리나라의 풍속이다. 조선에도 이러한 풍속이 있다. 다만 조선의 잉어는 그 진홍색이 지나쳐 도리어 도미와 비슷하다. 이것을 거는 것은 대개 축하한다는 의미이다.

문 앞에 작은 백지 깃발을 내거는 이가 있어 까닭을 물으니 천연두신을 쫓아내기 위함이라 했다. 나는 이를 위해서는 전복 껍질에 '사사라 산하치로 야도佐佐良三八郎宿'라고 써서 문에 내걸어야 한다고 가르치고, 또 그 이유도 말해 주었다.[*] 그는 크게 기뻐했다. 지금 그것을 생각하면 "해갑장군蟹甲將軍"의 4글자를 가르쳐주는 것이, 도리어 풍류가 많았을 것이다.

---

* 일본에서는 옛날부터 전복 껍질은 어린아이의 유행병이나 뱀이나 족제비를 닭장에서 쫓아내고, 소나 말의 병마를 쫓아내며, 가정원만을 수호하는 등, 병마와 재앙을 제거해준다고 믿었다. 현재까지도 야마구치山口 현에는 이러한 풍습이 남아 있다고 한다.

귀신을 쫓는 부적

우리나라의 이른바 악마막이, 화재막이 등이 조선에도 있다. 그 형상은 모두 우리나라의 것과 다르지 않다. 또 문에 호랑이를 그리는 것은 호랑이가 삼재三災[*]를 쫓는다는 고사 때문이라고 한다.

---

[*] 전쟁, 질병, 기근의 소삼재와 화재, 수재, 풍재의 대삼재가 있다.

조선인들은 개고기를 즐겨 먹는다. 집집마다 이것을 기르는 것은 반드시 집을 지켜 도둑을 경계하기 위해서가 아니다. 대부분은 그 고기를 먹기 위해서 기를 뿐이다. 한 마리의 가격은 우리나라의 통화로 30~40전이다.

개

그러므로 귀한 손님이나 좋은 일이 있지 않으면 함부로 잡지 않는다. 마치 우리나라 사람이 닭이나 돼지를 잡는 것과 같다. 폭군 걸왕桀王의 개가 성왕인 요堯임금에게도 짖으니 어찌 개의 죄이겠는가. 개가 짖는 것은 그 성질이 그런 것일 뿐, 조선의 개는 양복이나 일본 옷 등 한복과 다른 옷을 입은 자를 보면 반드시 짖는다. 내가 내지에서 그런 어려움에 봉착한 것이 몇 번인지 모른다. 한 마리 개가 짖으면 여러 마리가 서로 짖어서, 킹킹거리는 소리는 귀가 멀 지경이다. 이것도 촉蜀나라의 개가 달을 보고 짖는 것과 같은 것인가.

조선의 개는 인분을 먹고 생명을 연장하고 있다. 그러므로 그것이 불결할 뿐 아니라, 어린아이가 방안에 똥을 싸면 개를 불러 그것을 핥아 먹도록 한다. 다시 씻지도 않는다. 저 조선 사람의 불결은 생각해 볼만하다. 한인이 개를 부르는데 '워리 워리'라고 한다.

다만 개만이 아니라, 양복, 일본 옷을 입은 사람을 보면 소와 말도 역시 놀랜다.

개를 위생국장으로 삼는 묘함.

고양이와 소

조선에서는 고양이를 기르는 자가 적다. 대개 고양이는 번식이 매우 좋지 않다고 한다. 그러므로 조선의 풍속에 비유를 하나 만들어 말하기를, 고양이의 성질이 교활하고 소의 성질은 순종하고 일을 잘한다고 한다. 그러므로 소는 매일 도살하여 식용으로 하지만, 팔도에 그 수가 줄지 않는다, 고양이는 집안에서 길러 주인의 무릎에 앉아 매일 좋은 음식을 먹어도 자손의 번영을 볼 수 없다. 고어에 '積善之家有餘慶, 積惡之家有餘殃(선을 쌓는 집은 경사가 있고 악을 쌓는 집은 재앙이 있다)'이라 한다.

나무가 잎을 떨어뜨리고 찬바람이 가지를 울릴 때, 총을 어깨에 걸치고 가서 교외에서 논다. 학과 백로는 푸른 하늘에 춤추고, 기러기는 푸른 물에서 수영하고, 꿩은 발소리에 놀라 앞산을 날고, 비둘기는 떨어진 이삭에 배가 불러 나무 끝에 돌아간다. 새의 대부분은 조선의 특유한 것이다.

경성을 떠나 2리에 있는 양화도와 부산을 떠나 2리에 있는 엄궁巖弓은 모두 우리나라의 거류지인이 좋아해 사냥을 즐기러 나가는 곳이다. 하나는 한강을 왼쪽으로 해 구름 사이로 한산이 보이고, 하나는 낙동강을 사이에 두고 김해의 수대燧臺를 가리키니, 풍경이 아름답고, 당당한 기를 기르기에 충분한 곳이다.

산목

    조선에도 상아로 만든 주판이라는 것이 있지만, 대개는 산목算木이라고 부른다. 길이 5촌 정도이다. 젓가락 같은 것을 주판대신으로 사용한다. 예를 들면 125라는 수를 산목으로 나타내려고 하면

一　二　｜

百　卄　五

로 두고, 가감승제를 한다. 상인도 대부분 산목을 사용한다.

● 조선의 상인商人

팔도 가는 곳마다 관아, 왕릉, 봉산封山 등의 문 앞에는 반드시 '各大小人下馬碑(각 대소인 하마비)'라고 새긴 석비를 세운 것을 볼 수 있다. 이 석비 앞을 지날 때는 양반이라 해도 말에서 내려야 한다. 규단九段의 초혼사招魂社*에 황족이 내리는 표시가 있는 것과 같다.

3, 4년 전의 일이다. 우리나라의 상인 후쿠다福田 모라는 자가 상용으로 경성에서 충청도 음성이라는 곳에 갔을 때, 말을 타고 하마비 앞을 지나쳤다고 하여 한인들은 크게 화를 냈다. 이것은 우리 관인을 모욕한 것이라고 하여, 한바탕 난리를 일으켰다. 후쿠다는 약간의 재주와 학문이 있었다. 한어에도 익숙한 자였지만, 큰 길을 걷는 데 가마를 타는 것도, 말에 타는 것도 제멋대로 했다. 그리고 일한조약에는 하마비 앞에서 하마해야 한다는 조항이 없다고 하여 크게 논쟁을 했다. 완고한 한인들은 종내 들어주지 않고 죽이라, 혹은 사죄하라고, 욕을 하고 끝내는 몽둥이를 휘두르고, 돌을 던졌다. 조롱하고 욕하는 것이 매우 심했다.

후쿠다가 그러면 눈에 물건을 보여주겠다고 하여 호신용으로 휴대하고 온 단총을 꺼내들고 총구를 저들에게 향해, 자 하나하나 사살해버리겠다는 태세를 했다. 한인들은 크게 놀라, 저것은 육혈포다(한인은 단총을 불러 육혈포라고 한다), 다친다 하고 소리를 질렀다. 한발도 당기지 않았는데도 거미 새끼가 흩어지듯이 모두 어

---

* 메이지 유신 전후부터 국가를 위해 순국한 사람의 영을 제사하는 신사로 도쿄의 치요다千代田 구에 있다. 1879년 야스쿠니신사靖国神社로 개칭했다.

딘가로 도망가 버렸다. 후쿠다는 위험한 상황을 벗어나, 음성의 관아를 찾아가 현감을 면회하고 있었던 일을 그대로 말했다. 그리고 폭행을 가한 자를 모두 포박해 면전에서 처형시키지 않으면 이대로 경성에는 돌아가지 않겠다고 했다. 거듭 강요하자 현감은 크게 곤란해 하며 스스로 붓을 들어 사죄의 문장을 초하여, 이후로 부하의 인민으로 하여금 일본인에 대하여 무례함이 없도록 훈령하겠다고 썼다. 이것으로 겨우 일이 수습되었다. 원근의 한인들도 이 일을 전해 듣고 크게 놀라 부르르 떨고, 외국인에 대하여 무례한 거동을 삼가기에 이르렀다.

가뭄, 수해 등의 천재가 계속될 때는 촌민대를 편성하여 높은 산의 정상에 올라 초목을 태워서 하늘에 기도한다. 만약 하늘의 재앙이 그치지 않으면, 현, 군, 부, 목의 장관이 희생물을 가지고 신에게 기도한다. 희생에는 대부분 돼지 혹은 양고기를 사용한다. 또 전염병이 유행할 때는 성대한 의식을 차려서 크게 희생을 바친다.

변
소

　　오줌은 더러운 것으로 알려졌지만 조선 사람은 이것을 더운물, 혹은 물처럼 생각하고 더럽다고 생각하지 않는다. 이것 또한 조선 사람이 불결한 인종이라는 사실을 보여주는 하나의 예증으로 삼을 만하다. 정말로 소변으로 얼굴을 씻는 것을 본 적이 있다. 이것을 두고 이르기를 피부를 윤기있게 하기 때문이라고 했다. 조선 사람은 실내에 유기로 만든 요강을 두고, 주객과 마주 앉은 자리에서도 이것을 치우는 일이 없다. 변이 나올 것 같이 느끼면 바로 여기에 앉아서 누고, 곁에 둔다. 가령 습관이 그렇게 시키는 행동이라고 해도, 불결이 심하다고 할 수 있다. 또 부녀가 요강을 머리 위에 올린 채 밭에 가는 것을 보는 것은 그리 이상스러운 것이 아니다. 또 음부를 씻는 데는 반드시 소변으로 한다고 하는데 이것은 매독 등의 전염을 예방하기 위해서라고 한다.

4
부

시장과 거리, 양반과 평민

공방전孔方錢* 외에는 통화가 없는 나라 사람의 사상은 생각할 때마다 우스꽝스럽다. 어느 지방에서 내가 품에 넣었던 지폐를 보여주었을 때 일이다. 여러 한인들이 모여서 각자가 평하는 것을 들어보니, 한 사람은 이것은 금건(金巾, 면직물)에 붙인 인쇄물과 같은 것이라고 말하면서, 이것을 통화라고 하다니 일본인이 우리를 속이는 것이냐고 한다. 한 사람은 "만일 이런 것을 통화라고 한다면 도적을 만났을 때 많이 빼앗길 것이다(한전은 매우 무거워서 상당히 많은 도적들이라도 15관문 즉 우리 돈 20엔 이상은 지고 갈 수가 없다)"라고 한다. 또 한 사람은 "이것을 한전으로 바꾸어 모아두면 안에 넣어두고 밖으로 빈 것처럼 하여 관인이 빼앗아 갈 걱정이 없을 것이다(관인이 재물을 빼앗아가는 것이 이 나라의 통폐이다)"라고 한다. 열 사람이 열 가지의 논평을 하여 그릇이 끓는 것 같으나 귀착하는 바가 없다. 마치 맹인이 코끼리를 평하는 것과 비슷하다. 그중에 처음부터 가만히 생각하는 얼굴을 하고 있던 한 사람이 나에게 조용히 말하기를, "지폐는 매우 편리한 것이다. 모름지기 이 지폐를 사용할 권리를 얻는 자는, 정부에 얼마의 세금을 내야 하느냐"고 물어본다. 아아, 이 문제가 더 기묘하다.

한 사람의 비판과 한 사람의 평이 한인의 진상을 노출시킨다. 경성에서 서양 담배 '레터'를 갖고 물건을 사러온 한인을 본적이 있다. 지폐라고 하여 어떤 사람으로부터 받은 것이라고 말한다.

---

* 고려 성종15년(996)에 철전鐵錢으로 형원공방전形圓孔方錢이 처음 주조되었다.

조선의 통화 중에 가장 오랜 것을 조선통보라고 한다. 이 돈에는 금은동의 세 종류가 있다. 옛날 기자箕子가 조선에 봉해졌을 때, 주조한 것이라고 한다.* 조선의 풍속에 돈을 던져서 점을 치는 것이 있다. 그들은 이것을 즐겨한다. 이 조선통보를 가지고 하면 명확히 적중하여 백에 하나를 잃는 것이 없다고 한다. 그러므로 조정의 관원 전부가 이것을 귀하게 여긴다.

현재 조선에서 통용하는 화폐는 엽전과 당오전의 두 종류가 있다. 모두 공방전이다. 이전에는 엽전 5매를 가지고 당오전 1매로 바꾸었는데, 지금은 모두 엽전의 가치로 통용하게 되었다. 당오전 1매는 엽전 1매와 교환한다. 당오전의 가치가 이렇게 저하되었다고 해도, 경기도 근방에서는 지금 당오전 통용시의 관례를 써서 1문을 5문이라고 하고, 1냥을 5냥이라고 칭한다. 여전히 옛날의 상투적인 말이 금일에도 있기 때문에 같은 액수의 돈으로 2종류의 계산 칭호로 보기도 한다. 그리고 조선의 1냥은 우리나라 사람의 백문으로 10냥이란 곧 1관문이 된다. 당오전 1관문은 거의 우리나라 통화 1엔 50전에 해당한다.

당오전의 이름은 있어도 가치는 없다. 요즈음에 없어진 우리나라의 당백문전當百文錢** 류이다.

현재 조선에서 통용하는 화폐는 이와 같지만, 돈의 모양은 대소, 선악의 종류가 같지 않고, 당오전 1매가 우리나라의 2동화銅貨보다 더 무게를 갖는 것도 있다. 또 평안도에서 주조한 악전 같

은 것은 매우 조악한 것으로 일찍이 우리나라에서 행해진 비타
센鐚錢***보다 못하다. 또 이전에 당백전이라고 하는 것이 통행되
기도 했으나, 지금은 전혀 통용되지 않는다.

---

* 기자조선에서 자모전子母錢이라는 철전이 사용되었다는 기록이 있다. 마한에서 기원전 109년에
동전을 처음 주조했으나 삼국시대까지는 금속 주화 보다는 쌀과 베를 중심으로한 곡화穀貨, 미화
米貨, 포화布貨 등이 널리 쓰였다. 본격적인 돈에 관한 기록이 나타나는 때는 고려시대이다.
** 100문文으로 통용되는 돈으로, 에도막부가 1835년 이후에 주조한 천보통보天保通寶가 대표적이
다.
*** 무로마찌 중기부터 에도 초기에 걸쳐 개인이 만든 영락전永樂錢 이외의 조악한 동전.

미곡 혹은 우피, 우골과 같은 물건을 사려고 내지에 들어가는 경우에 가장 불편을 느끼는 것은 통화가 무거운 것이라고 한다. 말 1필에 겨우 20관, 즉 30엔 밖에 실을 수 없다. 그리고 그 운임은 통상 1리에 4, 5백문, 즉 14, 5전이 필요하다. 내지에 들어가 30리를 갈 때는 4엔 50전의 운임이 필요하므로 이미 그 1할 5푼을 운반 때문에

통화의 운반

쓰지 않을 수 없다. 조선에서도 환전가게라고 할 만한 것이 없지는 않지만, 그것을 교환할 때도 역시 1할 5푼 정도 되는 위에(교환하는 돈은 곳에 따라 차이가 있지만, 지금 여기서는 황해도 재령에서 경성까지의 것을 든다), 우리나라의 은행과 같이 수표로 교환하여 바로 받을 수가 없다. 때로는 20일 30일 경과한 뒤에 받는 경우도 있지만, 건네받지 못해 크게 손해를 보게 되는 일도 있다. 실로 불신용이 심한 것이다. 이것으로 통화불편의 폐단을 구하기에 부족하다. 또 명태 혹은 금건과 같이 내지에서 가장 수용이 많은 물건을 싣고 가서 이것을 팔아서 돈으로 바꾸면, 여비 운임을 변상할 수 있지만 대개는 한인에게 떼어먹혀서 울면서도 도리어 원가보다 저렴하게 팔아버리지 않을 수 없는 경우도 있다.

이러한 불편이 있기 때문에 일반 내지의 상업은 도리어 물품 교환의 옛날로 퇴보하려는 경향이 있다. 공주라는 큰 도시에서 이 새로운 현상을 목격한 적이 있다. 시장에서 매상금을 운반할 때에는 모든 사람이 하나같이 고충을 겪기 때문에, 인천의 상장上場에서 한 근에 80엔 정도 하는 백로 깃이 100엔 내외까지 등귀해

도 매수가 매우 많다. 또 사금을 매입하려는 자도 많다. 이것 역시 파격적으로 가격이 올라 매수를 감소시킨다. 이것은 모두 통화가 불편하기 때문에 번거롭게 운반비 등을 물지 않기 위해 어쩔 수 없이 벌어지는 일이다. 즉 사금, 백로 깃 등이 통화 대신 쓰이게 되는 것이다. 요컨대 일본인, 지나인 등이 들어와 상업이 번영하게 된 현재 조선의 경제사회에서, 아직 이러한 화폐 밖에 통용되지 않는다는 사실이 가장 큰 불편이라 할 수 있다.

우리나라의 은전 지폐, 지나의 마제은馬蹄銀*은 호상 사이에 통용되지만 기타의 것은 볼 수 없는 것이 많다.

송뇌자松籟子가 말하기를, 전환국의 유명무실을 안타까워하고 평양의 악전주조가 그치지 않음을 미워한다.

---

* 원나라(1271~1368) 말부터 명나라(1368~1644) 초 사이에 주조되기 시작한 것으로, 일종의 은괴銀塊로서 말굽은銀이라고도 한다.

정부의 특허를 얻어서 한 지방의 물산을 매매하는 사람을 도객주라고 칭하고, 또 특허가 없어도 마음대로 도매상을 경영하는 자를 객주라고 한다. 도객주가 있는 지방에서는 객주가 마음대로 영업을 할 수가 없다. 도객주에게 뇌물을 보내거나, 또는 세금을 납부해서 그 허가를 받는 것을 법으로 했다. 그런 까닭으로 도객주의 세력은 매우 강하다. 예를 들면 그 지방에서 생산하는 우피를 사려고 할 때는 1장에 2백 문씩 팔라고 명령하면, 우피의 주인은 어쩔 수 없이 그 가격으로 팔지 않을 수 없다. 만약 마음대로 다른 객주에게 매도하는 일이 있을 때는 바로 그 물건을 몰수해 간다. 그러므로 물건의 임자가 다른 지방에 가지고 가서 매각하려 해도, 운반이 불편하고 비용이 많이 들기 때문에 압력이라는 것을 알고 있으면서도 도객주의 말에 승낙하는 수밖에 없다. 그 모습은 마치 우리나라의 대상들이 관의 위력을 빌려서 영세민의 재산을 빼앗는 것과 같다.

객주

경성의 금리

경성에서 금리는 매우 비싸다. 전당포의 이자는 10엔 이하 1할로, 10엔 이상은 7푼 5리 이다. 또 통상 상호 신용상의 임차 혹은 저당 차입 등은 모두 5푼 이자를 법으로 한다.

경성 시중에서 우리 도쿄의 니혼바시日本橋 거리라고 부를 만한 번화가는 남대문에서 종루에 이르는 큰 통로이다. 지나인은 이 사이에서 상업을 경영하고 있다. 우리 거류지는 남산 아래 진고개라고 부르는 거리로, 상업지라고 하기 보다는 오히려 은둔하기 좋은 곳이라 할 만한 곳을 차지하고 있다. 우리나라의 거류지와 지나인이 있는 곳의 양쪽을 비교해 보자.

우리나라와 청국의 대한정책은 그 정책에서 여러 걸음을 양보했을 뿐 아니라, 상업에서도 우리는 그들에게 여러 걸음을 양보하고 있다. 물론 요즈음은 우리나라의 거류지인도 생각한 것 같이 보인다. 영사관을 남대문으로 옮겨야 한다고 주장하는 자가 있지만, 어쨌든 속론에 저지되어 아직도 옮기지 못하고 있다. 그러나 요즈음은 남대문 거리에 우리나라 순사의 파출소도 생기고, 3, 4개의 잡화상점이 들어서기에 이르렀다. "복숭아나무와 오얏나무는 열매가 맛이 있어서 따 먹으러 오는 사람이 많은 까닭에 자연히 길이 생긴다"라는 속담과 다르지 않게 차차 우리나라 사람이 남대문 거리로 이사하는 수가 늘어날 것이다.

도
로

내가 처음 부산에서 육로로 경성에 들어갈 때의 일이
다. 동래온천에 묵다가 이별장이라는 사람과 필담으로
경성에 가는 역을 차례로 물었다. 별장은 나에게 상세하
게 말해주었다. 양산, 울산, 용궁을 지나는 것과, 구포,
원동, 밀양을 지나는 두 가지 방법이있다. 그리고 전자는 후자보
다 돌아가게 되는 길이라 했다.

나는 그 말을 따라 후자를 취했다. 온천의 배후인 높은 산을 의
지해서 2리 정도 가자 한 마을이 나왔다. 이곳은 구포龜浦라고 하
는 곳이었다. 별장의 말에 의하면 구포는 경성에 도달하는 큰 길
과 접해 있는 곳이었다. 그런데 한 갈래의 작은 길 외에 이른바

● 인천의 혼마치(本町: 지금의 중구 중앙동)

큰 통로는 없었다. 의심할만하다고 해도 기로에서 헤매는 것이 아니라면 이 작은 길을 가면 혹은 큰 길이 나올지도 모른다고 말했다. 찾아가 보아도 결국 큰 길은 없었다. 여기서 비로소 별장이 말한 큰 길이란 이 작은 길일지도 모른다고 생각했다. 나는 조선의 도로가 형편없는 것에 몹시 놀랐다.

역사에는 신라 시대에 이미 백성에게 우차牛車법을 가르쳤다고 나와 있지만, 어떻게 이러한 도로를 우차가 통행할 수 있을까 하는 생각이 들었다. 부산에서 경성까지의 도로는 울산 쪽도 이와 비슷하다. 우리나라의 마을 길 보다도 심하게 울퉁불퉁하여, 군대는 일렬로 가지 않으면 통행하기 어렵다. 경성에서 송도, 서흥, 봉산, 황주, 평양 등을 거쳐 압록강반의 의주까지는 도로 모양이 나쁘지 않아서, 대개 2열의 군대가 행군을 할 수 있다. 의주 가도街道는 사대의 결과로서, 지나 사신의 왕래 길이라 다른 길보다도 더 좋게 만들었던 것이다.

인삼

인삼은 조선 특유의 명산물이다. 그 산지는 경기도의 송도, 용인, 토산, 충청도의 청풍, 괴산, 전라도의 금산 등이다. 그리고 그중에 가장 유명한 것은 송도라고 한다. 품질이 좋은 것은 가격도 비싸다. 인삼밭을 가진 자는 반드시 부유한 사람이다. 그렇지 않으면 그 재배 비용을 감당할 수가 없다.

인삼을 재배하는 밭은 나무 울타리로 사방을 둘러싸고 함부로 사람이 출입하는 것을 금한다. 옆에 작은 움막을 지어서, 파수꾼을 두고 지키게 한다. 그 밭은 토질을 따져 정하는데, 각지에 산재하고, 넓은 것이라 해도 대개 반보를 넘지 않는다. 그래서 그

수확의 시기는 8, 9월로 한다. 인삼을 외국인에게 파는 것은 그들의 국법으로 엄금하는 것으로 옛날에는 이 국법을 범한 자를 참수했다고 한다. 『대전회통大典會通』*에도 '인삼을 일본인에게 매도하는 자가 있으면, 왜관(왜관이란 부산거류지를 말한다) 앞에서 참수형에 처함 운운'이라고 한다.

현재는 국법이 조금 약해져서 법을 범하는 경우에도 다만 그 인삼을 관에서 몰수하는데 지나지 않는다. 그러나 수년 재배해 온 것을 몰수당하는 것은 매우 손해가 되는 것으로 조선 사람은 쉽게 매도를 하지 않는다. 그러나 은밀한 수단을 갖고, 사사로이 매매를 하기도 한다. 인삼매매는 실로 막대한 이익이 있는 상법으로, 우리나라 거류인들이 이것에 손을 대지 않는 것은 마치 보면서 보물을 버리는 것과 같은 일이라는 생각이 든다.

---

* 조두순·김병학 등이 1865년(고종 2) 왕명에 따라 『대전통편』 이후 80년 간 반포 실시된 왕의 교명과 규칙 및 격식 등을 『대전통편』 아래에 추보한 뒤 출판했다.

경성의 책방

경성에는 책방이 두세 집이 있다. 이들 책방의 상태는 우리나라 히가게쵸日影町의 헌책방에 비교하면 아직 멀었다. 그리고 파는 것은 대부분 남은 책과 빠진 책에 지나지 않는다. 기타 팔도 어느 곳의 도회라도 책방이 있다. 내지의 사람들은 행상인이 『통감절요』, 『맹자언해』 등 두세 종류의 책을 장날에 가지고 오는 것을 기다렸다가 비로소 구할 수 있을 뿐이다. 서적을 구하는 것이 불편하다. 그렇기 때문에 시·문장 같은 것은 다른 사람의 필기를 등사해서 그것을 강습하는 것이 도시나 시골이 서로 다르다. 조선 사람이 문화의 혜택을 입지 못하는 것이 이와 같다. 스스로 무지몽매에 안주하니 불쌍하다.

경성의 중앙, 십자의 번화한 거리에 종루가 있다. 종의 직경은 1칸 정도로, 매일 밤 이것을 치면서 네 문의 개폐를 알린다. 문을 닫은 후에는 어떠한 급한 일이 있어도 문을 열지 않으므로, 성벽을 넘지 않고서는 출입할 방법이 없다. 한인은 원래 야행을 싫어하는 인간으로 밤 10시가 지나면 거리가 적막하여 사람이 없는 지경과 비슷하다. 다만 들리는 것은 집집마다 옷을 두드리는 소리뿐, 또 어린아이는 불을 끈 후 결코 외출하지 않는 습관이 있다. 이것은 불량배에게 위태로운 경우를 당할 수 있기 때문이다.

지방의 관아 입구에는 반드시 고루鼓樓를 둔다. 아침저녁 잡역인이 이 망루에 올라, 나팔을 불고 징을 울리면서, 혹은 큰 북을 치면서 문의 개폐를 알린다.

시장

경성, 공주, 평양, 송도 등의 대도회는 각별하다고 해도 기타의 소도회에서 시장이라는 것은 4개의 기둥을 세우고 짚으로 지붕을 엮어 얹은 조잡한 가옥들이 2, 30개씩 줄지어 선 형태이다. 1, 6이나 2, 7이나 정해진 날에 장이 선다. 이 날은 가까운 곳에 있는 상인들이 모여서, 시장에 멍석을 깔고 그 위에 팔려고 하는 물건을 진열한다. 그리고 매매는 반드시 돈을 사용하지 않고 모든 물건을 교환할 뿐인데, 그 모양이 마치 신농神農씨의 시대*를 상기시킨다.

장이 서는 날 외에는 바늘 한 개도 파는 곳이 없으므로, 식용품부터 일용의 잡화에 이르기까지 모두 이날에 사두지 않으면 안된다. 만약 비가 연일 내려 개지 않으면 시장을 열 수 없게 되므로, 큰 불편을 느끼게 된다. 현재 나는 내지에서 휴대용 붓을 잃어버려 새로 사야 하는데 불행히도 장날을 만나지 못해 크게 곤란해 하고 있다.

---

* 전설 속의 고대 인물로 복희伏羲, 황제黃帝와 함께 삼황三皇이라 일컫는다. 신농은 농업과 의약을 창시했다는 전설이 전해온다.

    남대문의 안 밖에는 매일 아침 새벽부터 8시경에 이르기까지 아침장이라는 것이 있어서, 유무를 교환한다. 일, 청, 한인 상인이 각기 팔 것을 가지고 가서, 10분의 1[*]의 세금을 낸다. 그 모양이 마치 우리나라의 잿날緣日[**]과 같다. 다만 나무를 파는 가게는 볼 수가 없다.

---

[*] 고대중국의 정전법井田法에서, 지조地租로 수확물의 10분의 1을 징수하는 데서 나왔다.
[**] 신사, 사찰에 참예하는 사람을 상대로 노점을 벌이는 것.

● 시장의 모습

한인의 물건 파는 광경

기번Edward Gibbon[*]으로 하여금 조선을 보게 한다면, 상하 4천 년의 폐허 흔적에 회고의 정을 느끼고 도도한 8백 만의 탐욕스럽고 지각이 없는 유망流亡의 민에게 애련한 마음을 촉발하여, 자신 있게 건필을 휘둘러 조선쇠망사를 서술하려는 뜻을 일켰으리니, 아아, 누가 조선에 가서 조선을 위해서 한 움큼의 붉은 눈물을 뿌릴 자가 있겠는가. 내가 처음에 부산에 도항하자 바로 나의 눈에 비쳐오는 것은 한인이 거류지 안을 돌면서 물건을 파는 광경이다.

노인과 어린이, 몇 사람의 한인이 파를 지거나 닭·생선을 가지고 여러 번 거류지를 배회하며 고객을 찾고 있었다. 조선사람들이 우리의 국어로 '닭은 어떻습니까?', '파 있습니다'라고 이상하게 소리 지르며 팔고 있는 모습은 꽤나 가슴 아프게 들렸다. 한인들이 때가 끼고 찢어진 옷을 입은 채, 조그만 이익을 얻기 위해 고객 앞에서 머리를 조아리고 몸을 납작하게 하는 모양은 깊이 나의 뇌리에 각인되었다.

아아, 망국의 민이 되지 말지어다. 한인은 소수의 우리 거류지인으로 변하여 우리 언어를 배우고 거류지에 장사하러 다닌다. 한인은 소수의 우리 거류지인에게 이길 수 없어, 상권을 우리에게 바친다. 아아, 망국민이 되지 말지어다.

---

[*] 기번은 1776년부터 12년에 걸쳐 『로마제국 쇠망사』를 저술했다. 2세기부터 1453년 콘스탄티노플 함락까지의 2천여 년에 걸치는 로마 제국의 흥성과 쇠락을 기술하고 있다.

만인설萬人楔은 일종의 복권으로서 지방관의 공인을 얻어서 가입자를 모집하고, 개표해서 당첨된 자에게는 약속한 금전을 주는 것이다. 1표의 가치는 장소에 따라서 때에 따라서 차이가 있지만, 대개 5백문(우리 75전)을 통례로 한다. 5백문을 던져서 가입한 자에게는 번호가 적힌 표를 준다. 조선 사람은 매우 요행심이 많으므로 모두 밥알로 도미를 잡으려는 망상을 갖고 가입하는 자가 대개 5천 인 이하만이 아니다. 모인 금액의 1할을 지방관에게 준다. 잔금에 1등 5백관, 2등 3백관, 3등은 3백관이라는 계급을 둔다. 그리고 개표하는 당일에는 운영자가 1번부터 매도하기까지의 표를 넣은 상자를 갖고, 짚을 얹은 개표장에 와서 일단 높은 곳에 올라가 공중의 면전에서 표찰을 흔들면서 그 번호를 알린다. 그래서 당첨된 자는 그 1할을 운영료로 내는 구조이다. 이 만인설에 가입하는 자는 한인만이 아니라, 지나인도 있고 일본인도 있어 그 규모가 매우 크다. 요즈음 부산 거류지의 서쪽 동네에 만인설 개표장이 만들어졌다. 이 만인설은 한인의 명의를 사용하지만 실제로는 완전한 일본상인 조직으로, 한인 등의 가입자를 모집할 때에는 일본 만인설의 이름을 가지고 한다고 한다. '마닐라'의 복권*도 재미있지만 이것도 운수를 보는 데는 한번 해볼 만하다.

---

* 도미쿠지富籤. 에도시대에 유행한 도박. 흥행주가 부찰富札을 발행하고, 그것과 같은 수의 번호표를 상자에 넣고, 송곳으로 찔러 맞은 번호에 상금을 준다. 사사社寺의 수리비용이 부족한 것을 메우기 위해 막부로부터 공인을 받았으나, 덴포天保의 개혁으로 금지되었다.

가뭄

조선의 산악은 대부분 민둥산으로, 수목이 없으며 조금만 가물어도 수원이 바로 마른다. 논밭이 갈라지고 벼 모종이 붉은색을 드러내어, 백성들이 고생하고 근심하게 된다. 우리나라에서는 높은 땅의 수전에 관개하는데 수차를 이용하기 때문에 편리하게 가뭄을 날 수 있지만, 조선에는 수차가 없어 겨우 물통으로 물을 퍼 올리기 때문에 그 불편이 실로 적지 않다. 요컨대 조선은 수차를 발명할 지식이 없는 불쌍한 인간의 쓰레기터인 것이다.

가뭄이 계속되어 거의 수확이 없을 때, 한인은 아녀자를 부자 혹은 지나인에게 팔아서 하인을 만들어서 겨우 쌀과 보리를 구한다고 한다. 조금 저축이 있는 자는 그 창고를 열고 가난한 사람이 사발을 가지고 와서 쌀과 보리로 바꾸어주기를 구걸하면, 대개 사발로 쌀과 보리를 달아 주고, 그리고 그 사발을 빼앗아 버린다. 그것으로 많은 이득을 얻는다고 한다. 사발은 유기제품으로 그 크기가 여러 종류이지만 5합 이상부터 5되 정도까지 담을 수 있다. 흉년에 민중이 기근으로 고통을 받아 부잣집 문 앞에 가서 한 그릇의 밥을 구걸하는 모습, 찢어진 옷에 흐트러진 머리를 하고 뺨에 뼈가 튀어 나올 정도로 마른 사람들이 비틀거리며 지팡이에 의지해 겨우 걷는 그 모습은 차마 볼 수 없을 만큼 참담하다.

작년은 약간의 흉년에 그쳤지만 역시 이와 같은 현상이 계속되었다.

송뇌자가 말하기를, 내가 일찍이 조선 사람에게 묻기를, '당신

나라의 산악은 무엇 때문에 수목을 심지 못하는가' 하자, 답하기를, '호랑이의 피해를 두려워하기 때문'이라고 한다. 호랑이의 피해는 혹시 있을지 모르지만 이것은 빠져나가려고 꾸며대는 말일 뿐이다.

　　조선의 농기구는 낫, 쟁기, 절구, 삼태기 외에 없다. 쟁기는 우리나라의 것과 만드는 방법이 완전히 같은데, 소가 이것을 끌게 한다. 만약 가난해서 소를 기를 여유 돈이 없는 자는 소 대신에 서너 명의 사람들이 이것을 끌게 한다.

　　절구는 둥근 나무의 직경 1척 정도로 하고 높이 2척 정도 되는 것 2개로 만든다. 그 제작은 대략 맷돌과 같고, 대농은 이것을 이용하지만 소농은 모두 절구로 찧어서 겉겨를 제거한다.

　　벼의 줄기를 훑어서 쌀을 얻을 때에는, 두 개의 작은 대나무를 왼손에 쥐고 오른손으로 몇 줄기의 벼를 붙잡고 훑는다. 보리를 치는 모양은 우리나라와 다르지 않지만, 보리에서 껍질을 분리시킬 때에는 바람이 불어오는 쪽에 놓고 높게 삼태기로 쳐서 바람에 껍질이 날아가게 하는 방법을 쓴다.

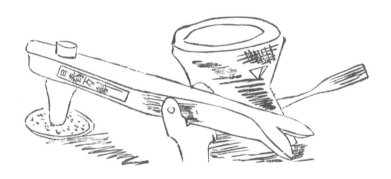

모를 심을 때가 농업이 가장 바쁜 시기이다. 새벽부터 가족 친척들이 다 나와서 일을 한다. 그 모양을 보면 맨 앞에 있는 사람은 "농자천하지본農者天下之本, 무슨 무슨 동"이라고 쓴 깃발을 휘날리며, 큰 북, 동라, 나팔 등을 각자의 생각대로 두들기며 이것을 따라간다. 이구동음으로 재미있게 노래를 부르고 웃으면서 떠들고 가는 모양은 같지만, 장소가 바뀌면 들고가는 물건도 바뀐다. 다른 나라 사람인 나는 이것이 매우 신기하게 느껴진다. 밭에 도착하면 깃발을 도랑가에 세우고 악기를 그 아래 놓고 일을 한다. 점심이 끝나고 잠시의 휴식에는 다시 아까의 음악을 연주하면서 흥을 돋운다. 해가 저물어 석양을 지고 돌아갈 때도 역시 같다.

비가 올 때는 한사람도 밭에 나가서 일하지 않는다. 계속해서 비가 내려 중요한 모심기 철을 놓치게 되어도 개의치 않는다.

농작물을 재배하는 밭은 집이나 시가의 더러운 모습과 닮지 않았다. 자못 정연하다. 솟아 있는 산록, 유창한 물가, 노인이 쟁기를 거둘 때, 목동이 소를 탈 때, 그런 풍광과 마주하고 있으면 심중이 담담하고, 참으로 사랑스러워 보인다.

농작물을 재배 하는 밭

제
방

　　조선 팔도의 하천은 평소에는 물이 적거나 완전히 말라버린 상태이지만, 조금이라도 비가 오면 물의 양이 바로 불어난다. 비온 뒤 여러 날이 지나면 홍수가 범람한다. 홍수로 밭이 잠기는 것을 염려해, 조선 사람은 될수록 물가를 피해 경작을 하는 것이 보통이다. 제방사업이 발달하지 않은 때문이다. 그래서 좋은 경지가 있어도 종자를 뿌리고 묘를 심는 것이 불가능하다. 종자를 뿌리고 묘를 심는다 하더라도 홍수의 해로 인해 한 알의 수확도 미덥지 않음을 생각하면, 갈아야 할 양지도 그대로 짐승이나 뛰어 놀도록 놓아둘 수밖에 없다. 예를 가까운 데서 찾으면 부산에서 구포를 거쳐 김해에 도달하는 땅, 낙동강의 삼각지와 같은 곳이 그렇다. 그런 곳은 매우 양지임에도 불구하고 호미 한번을 쓸 수 없다. 많은 곡식의 수확을 버리는 것 같이 물을 두려워하기 때문이라고 해도, 견고한 제방을 쌓아서 범람을 막을 수 있다면 매해 수확이 막대하게 될 것이다.

　　저 한인들이 손을 놓고 천연의 지형을 탓할 뿐인 것은 매우 어리석인 것이다. 하물며 이 삼각지 같이 대개 5년에 5회 정도의 수해를 입는 곳에는, 배를 대는 물가에 심은 대나무를 가지고 조치를 하면 심한 수해를 입지 않게 된다고 들었다. 이것이 어찌 일거수일투족의 수고가 되겠는가. 아 조선 사람은 다만 천연적으로 좋은 지세에 씨를 뿌리고 묘를 심는 것은 알아도, 인공으로 천연의 나쁜 지세를 변하게 할 수 있는 것은 모른다.

제방사업에 한정되지 않더라도 무슨 사업에서든 사람들이 함께 공동으로 그 사업을 성사시키는 따위의 일은 조선 사람에게 바랄 수 없다. 도로가 수리되어 있지 않고 위생적이지 못한 것도, 공동 정신이 부족한 결과이다. 그러므로 아무리 이익이 있는 사업이라도 개개인이 소자본을 가지고, 일시적인 미봉책으로 도모하는 습성이 있기 때문에, 안동포, 화문석, 쥘부채, 부채 등의 특이하고 우수한 산물이 있음에도 불구하고 공급은 항상 수요가 많은 것에 따라오지 못한다. 널리 해외에 판로를 열려는 희망이 없으며, 상공업은 여전히 발달하지 못하고 있다. 국가가 빈약한 것도 공동 정신이 없는 것에 기인한 것이다.

공동 정신

목축업

산의 중턱에 돌로 담을 쌓아 마치 옛날의 성곽이라고 생각하게 하는 곳이 많다. 이것은 옛날 말을 기른 곳의 폐적廢跡이다. 현재의 목장도 이것과 같다.

팔도의 목장은 모두 관부가 지배하는 곳으로 감목관* 이란 자가 이것을 주재한다. 목마는 모두 놓아기른다. 한겨울의 추운 밤에도, 삼복의 더운 날에도 마구간에 있을 때가 없다. 또 달리 먹을 것을 주는 일도 없다. 새끼를 낳는 것도 자연에 맡긴다. 다만 그 번식하는 것을 기다렸다가 잡아 인민에게 매도하는 것이다. 그런데 조선의 말은 그 크기는 작지만 성질이 거칠다. 그래서 산 말은 내 집에 가서 잘 길들여서 사역에 쓴다. 마치 봉건시대의 소우마번相馬藩**목마와 같다.

목우에는 각별히 목장이라는 것이 없고 7, 8필의 소를 기르는 집을 최대 목우가라고 한다. 경상도의 소는 그 모양이 그다지 크지 않지만, 다른 도의 소는 우리나라의 남부산南部産보다도 크다. 조선 사람의 소는 그 성질이 매우 온순해서 경작할 때에 잘 복종한다.

산양, 돼지는 모든 곳에서 기른다.

조선 사람은 말고기를 먹지 않는다. 그러나 소고기는 매우 좋아한다. 도살은 각 지방 군현에 일정수가 정해져 있어서 이 정수를 넘어서 도살하는 것은 안된다. 또 도살하는 데는 한 마리에 대

---

* 조선시대 지방의 목장을 관할하던 종6품 외관직.
** 후쿠시마 현福島県 동북부에 있었던 번.

해서 약간의 돈을 관부에 납부해야 허가를 얻을 수가 있다. 이 법은 원래 목우를 보호하는 정책에서 나온 것이지만 지금은 다만 탐관이 재산을 불리는 밑천이 될 뿐이다.

토지소유대장

　　조선에는 토지소유대장地券狀이라는 것이 없다. 그러므로 지소가 가옥을 매매하는 데는 별도의 등기 등록 등의 번거로움이 없어 간편하다고 한다. 또 가옥을 매매한다고 하면 지소는 물론 부속해서 매매하는 것이 된다. 그래서 후일 뒤탈이 없게 하기 위해서 파는 사람은 사는 사람에게 양도증을 교부한다.

　요즈음에는 부산 및 경성에서 토지소유대장을 발행해서 가옥을 외국에 함부로 파는 폐단을 막으려고 하고 있다. 그러나 이것도 으레 토지소유대장을 붙여서 수수료를 징수하려는 것이다. 탐욕으로부터 나온 이와 같은 폐단은 지금도 여전히 옛날과 같다.

부산항 부두에 가로놓인 섬의 이름을 절영도絶影島라고 한다. 생각해보니 옛날 임진 역에 이순신이 이곳을 근거로 우리 수군을 물러나게 했던 곳이다. 산허리에는 우리 거류지에 면해서 사당이 하나 있다. 이순신에게 제사지내는 곳이다. 우리나라 사람은 아사히나朝比奈 사당이라고 부른다. 종잡을 수 없는 것도 역시 심하다고 할 수 있다.

거류지의 부두, 구릉의 높은 곳에 또 한 사당이 있다. 가토 기요마사加藤清正를 제사한다. 이순신의 사당에 대치한다. 대개 유신 전 쓰시마對馬州 번주가 우리나라의 용맹을 높이기 위해서 건립한 곳이라고 한다. 절영도를 우리나라 사람은 목牧의 섬이라고 부른다. 십수 년 전까지는 목마장이었기 때문이다.

처음 메이지 17년 폭동*의 상금을 한 정부에게 반려했을 때, 한 정부는 크게 기뻐하고 이 섬을 우리나라에 기증한다고 했다. 우리 사신은 거절하고 받지 않았다고 한다. 지금은 한 정부가 그곳이 중요한 지역임을 안다. 우리나라도 앞서 이것을 거절한 것을 후회한다고 들었다. 이 설은 진실에 가깝다.

---

* 1884년에 일어난 갑신정변을 말함.

친
척
의

변
상

조선의 습관으로 다른 사람에게 부채가 있어도 변상할 길이 없을 때는, 부자 형제가 대신하여 갚는 것을 의무로 하고 있다. 만일 형제 부자가 대신 갚는 것이 불가능할 때는 그 9족 중의 사람으로 대신 변상시킨다. 그러므로 친척 사이에 한 사람이라도 도박을 즐기는 자가 있으면, 이것 때문에 일족의 사람이 큰 피해를 입는다. 그래서 우리나라 사람으로 조선의 채권자인 자는 이 습관을 이용해서 대금을 받아왔다. 그러나 요즈음 한인 중에도 이 습관의 부조리를 깨닫고 경상도 밀양부사 조 모와 같이 이미 그 부하에게 영을 내려 고래의 습관에 따라 일본인의 속임수에 속지 말라고 훈유했다. 이후 우리나라의 채권자는 매우 피해를 보고 있다.

우리나라에 화족華族*·사족士族**·평민의 구별이 있는 것 같이 조선에도 양반兩班과 상한常漢의 구별이 있다. 그래서 만민이 동일한 권리를 가지는 것과 그러지 못하는 것의 차이는, 두 나라의 문명과 야만을 알 수 있는 한 예가 되기에 충분하다. 양반이란 문무양반이란 뜻으로, 문무관의 특권을 갖는 종족을 부르는 명사이다. 상한이란 글자대로 상인常人 종족을 말한다. 그러므로 상한이란 상당한 재주와 학식이 있다고 해도, 문무의 고등관이 되지 못한다. (지금은 수뢰의 많고 적음에 의해 현감에 임명되기도 한다)

양반은 과거를 거치면 어떠한 고등관도 살 수 있는 것이 조선의 제도이다. 양반 등이 거의 선천적으로 이와 같은 특권을 누릴 수 있음에도 불구하고, 어리석고 몽매한 자가 많은 것은 실로 놀랄만하다. 그들 가운데 지방관에 임명되어 임지에 있는 자를 방문하여 필담을 나누어보면, 고루하고 한쪽으로 치우친 한韓 관리에게 뛰어난 의견을 들을 수 없는 것은 크게 이상할 것이 없다고 해도, 그들 가운데 참으로 한문을 쓸 수 있는 자가 없는데 이르러서는 문장력이 없음에 놀라지 않을 수 없다. 그래서 도리어 주부主簿, 이방吏房 등의 소리小吏가 그것을 잘 하는 것을 보게 된다.

조선이 과거제도를 시행하면서도 그 급제자로서 이렇게 배우

---

* 작위를 가진 사람과 그 가족. 메이지 2년에 구 공경舊公卿·제후의 신분 호칭으로 제정했다. 메이지 17년의 화족령으로 국가에 공이 있는 자도 포함시켰다. 일본국헌법(1946) 시행에 의해 폐지되었다.

** 메이지 유신 이후, 이전의 무사 계급 출신자에게 주었던 족칭. 화족의 아래, 평민의 위에 속한다.

지 못한 자가 많은 것에는 그럴만한 원인이 있다. 즉 과거시험장
은 공공연한 수뢰 징집소가 되고, 시험관은 공공연하게 수뢰 징
집인이 되기 때문이다. 과거에 응하는 자는 재주가 있어도 재산
이 없으면 급제할 수 없다. 가령 급제해도 뇌물을 쓰지 않으면 관
직에 임명되지 못한다. 뇌물은 바로 급제자의 일대 자격으로, 애
써 공부하고 정진하여 재능과 학식이 볼만해도 과거장에서는 이
것을 조금도 펼칠 수가 없다. 재산이 있는 자는 다만 재산을 믿
고, 재산이 없는 자는 자포자기를 하여, 모두 학습하지 않기 때문
에 학전學田은 날로 황폐해지고 정사政事는 달로 이폐弛廢해진다.
심하다고 할 만하다.

이와는 반대로 상한은 하늘로부터 받은 자유의 대권을 분발하
여 인위적인 계급을 파괴하고, 나아가 현재의 나라의 쇠운을 만
회할 용기를 가지고 있지 못하다. 한갓 양반의 사주에 굴복하여,
이마에 땀을 흘리거나 사지를 수고해서 얻으려 하지 않고, 양반
의 발 아래 헌신해 관가와 싸우지 않는다. 관가는 우리를 잡아가
라고 하는 등, 자제에게 가르치는 것에 이르러서는 상한의 무기
력은 말할 것이 없다.

논論보다는 증거, 우리나라에 오는 한객이 문자가 없다는 증거
를 가지고 미루어 볼 수 있는 일이다.

"관가에서 다투지 말고, 나를 잡아가라."

이것이 입덕문의 구절이다.

양반이 소일하는 모양은 실로 한가해 보인다. 일출부터 일몰까지 아무 일도 하지 않고 다만 담뱃대를 물고 방에 누워 있을 뿐이다. 그래도 재산가의 대부분은 양반 종족이다. 이것은 대개 관리가 되어 서민으로부터 난폭하게 거두어들이기 때문이다. 속담에 말하기를, 관리가 되면 3대가 앉아서 먹을 수 있다고 한다. 그리고 가장 큰 부를 얻을 수 있는 것은 지방관이 되는 것이다. 그러므로 대신이 된 자도 지방관이 되기를 간절히 바란다고 한다. 아아, 爾俸爾祿, 民膏民脂, 下民易虐, 上天難欺,(그대의 봉록, 민의 기름이다. 하층민을 학대하기 쉬우나, 하늘을 우러러 탄식하기 어렵다) 저들이 어찌 응보가 없기를 바라겠는가.

양반족

상한족

　　상놈 중에도 부자가 없지는 않지만, 대부분은 빈곤하여 산업을 영위하기에 부족한 자뿐이다. 그들은 유유히 다만 각처를 배회한다. 그들은 농사짓지 않고, 장사하지 않고, 물건을 만들지 않는다. 그들이 어떻게 해서 옷을 입고 밥을 먹는지는 생각해 볼만한 문제이다. 대개는 도박이 그들의 옷과 음식의 밑천이 되니, 이것은 썩은 흙으로 만든 담에 다시 흙질할 수 없는 꼴이다.*

---

* 『논어』, 공야장公冶長에 나오는 말로, 게으름뱅이는 가르쳐도 소용이 없다는 비유. "糞土之墻不可杇"

조선의 기생은 대부분 남편을 갖지 않는다. 관기는 이른바 관인의 노예로 관아 사택에 들어가 술자리의 흥을 돕고, 음涯을 파는 자이다. 또 관기가 아니더라도 예능을 팔아 생활하는 여자도 있다. 이들 역시 우리나라와 자못 취향을 달리한다. 기생을 부르려는 손님은 스스로 가서 노래나 춤을 가지고 흥을 즐기고 나서 돌아온다. 또 사택에 불러 즐기는 자도 있다. 이러한 경우는 속된 노래 혹은 당시唐詩를 가지고 억양이나 곡절의 조절은 마치 우리나라의 가요곡과 같고 우아한 것이 자못 들을 만한 것이 있다. 사용하는 악기는 퉁소, 피리, 저, 가야금(가야금은 원형의 오동나무 재료에 가늘게 금도금한 놋쇠에 13현을 팽팽하게 하고, 대나무를 얇게 깎아서 매우 탄력이 있게 만든 것을 켜는 것이다. 가야금은 폭이 6촌 정도이다) 북, 장구 등이다. 기생이 음악을 연주하는 모습은 저 도사파土佐派*의 화공이 단청한 궁중의 그림과 비슷하다. 그러면 저 샤미센三昧線에 도도이츠都都逸, 산사가리三下り** 등을 노래하고, 주객이 모두 나를 잊고 흥에 들떠서 서 있을 수가 없다. 또 춤도 우리나라의 기생이 추는 것과 같지 않다. 마치 크게 가구라神樂 헤이소쿠마이幣束舞***와 같은 것이 있으면 노能****의 춤을 보는 것

---

* 순 일본적인 야마토에大和繪의 전법을 수립하고, 헤이안平安시대로부터 1천 년 동안 조정의 에쇼繪所를 세습하여 전통과 권세를 자랑한 유파.
** 샤미센은 일본 고유의 음악에 사용하는 세 개의 줄이 있는 현악기. 도도이츠는 속요의 하나로서, 가사는 7·7·7·5 조, 내용은 주로 남녀 간의 애정에 관한 것이다. 산사가리는 샤미센을 연주하는 법의 하나로서, 세 번째 줄을 길게 두 번 내리는 것이다.
*** 가구라의 기본적인 춤으로 천하를 깨끗하게 하고 안태를 비는 춤.
**** 일본의 전통적인 연극.

같은 느낌도 있다. 또 검무라는 것도 있다. 그러나 우에노上野의
도쇼구東照宮의 미코巫子*에게 폐백 대신에 검을 주고 춤을 추라고
하는 것과 같아 매우 취미에 맞지 않았다.

　도우하치藤八**, 진구甚九***, 도도이츠, 갓뽀래**** 등보다 뛰어
나다.

---

* 도쇼구는 도쿠가와 이에야스德川家康를 제사하는 신사, 미코는 신 앞에서 가구라를 연주하는 무
희.

** 양손을 펴서 관자놀이에 올려붙이는 것을 여우, 무릎 위에 얹는 것을 이장里長, 한 손에 총 쏘듯
내미는 것을 포수로 정하여, 여우는 이장에게 이장은 포수에게 포수는 여우에게 이기는 것으로
승부를 가리는 놀이. 도우하치겐藤八拳이라고도 한다.

*** 에치고노쿠니越後國의 진구라는 사람이 시작한 향토민요.

**** 속요에 맞추어 추는 익살스러운 춤.

우리나라와 가까이에 있는 이웃나라에 아직도 노예제도가 행해지고 있다고 하면 누가 그것을 진실이라고 하겠는가. 그렇지만 조선의 사정을 깊이 조사할 때 실로 놀랄만한 여러 가지 새로운 사실을 발견하게 된다. 이것은 다만 노예제도만이 아니다. 조선에서는 중류 이상의 양반은 모두 하인이라고 하는 자를 데리고 있다. 이것은 마치 우리나라의 봉건시대에 신분이 좋은 사무라이武士가 거느리는 와카도(若黨, 젊은 종자), 혹은 게로(下郎, 천인)라고 할 만한 것이다. 조선의 하인은 우리나라의 와카도나 게로와 같다. 자유로운 생활을 할 수 없을 뿐 아니라, 그 주인에게 부려져 주인과 군신의 관계를 가지기를 감히 생각도 할 수 없다.

이들은 봉급을 받고 노예가 된 것도 아니다. 대부분은 돈을 빌렸기 때문에 어쩔 수 없이 몸을 맡기고 있는 것이다. 그렇지 않으면 위력에 눌려서 인질이 된 자로, 일단 이렇게 되면 자자손손 영구히 주가主家의 천한 일에 복종하고, 개나 말과 같이 일을 해야 할 의무를 갖는다. 그리고 저들 노예는 이러한 나쁜 관습에 속박되어, 평생 주가에 묶인 바가 된다. 장가를 가도 자식을 결혼시켜도 내 의사대로 할 수가 없을 뿐만 아니라, 일하거나 쉬거나 말하거나 침묵하는 작은 일에 이르기까지 자유로이 할 수가 없다. 배가 고프다고 해서 밥을 계속해서 먹을 수 없다. 추워도 옷을 껴입을 수가 없다. 만사를 주가의 명령에 따르지 않으면 안된다. 일단 하인이 된 자는 하늘로부터 받은 정신을 주가에게 바치고, 개나 말과 같은 지경에 떨어져도, 참담한 슬픈 눈으로 눈물을 머금고, 일생을 마치지 않을 수 없다. 뿐만 아니라, 평생 대대로 아무 것도 모르는 자자손손으로 하여금 이러한 기막힌 운명에 빠지게 하지 않을 수 없다. 그러므로 주가의 대우가 가혹하여 도저히 참을 수 없게 되면 몰래 탈주하여 유민이 되는 자가 많다. 그러다 불행히도 다시 주가에게 사로잡히면, 신의를 배반한 불충의 죄를 받아 한층 더 잔혹한 대우를 견뎌내지 않을 수 없다. 참으로 이들은 불쌍한 무고의 백성이라고 할 수 있다.

장례는 모두 유교식으로 행해진다. 승려가 엄숙하게
사자를 인도하는 것도 아니다. 또 그 식에 참회하는 것도
아니다. 관곽棺槨의 제도는 유교 의례에 기초해서 이것을
제정했다. 친척 지인은 관을 메고, 상주는 이 뒤에서 소
복을 하고 따른다. 서너 명이 관을 앞뒤로 둘러싸고 '아이고 아이
고' 곡소리를 내면서 매장지로 전송을 한다.

어린아이와 천연두로 죽은 자는 그 시신을 묻지 않고 가마니에
넣어서 새끼로 가로 세로로 묶고 이것을 야외의 나무에 매단다.
그렇게 하면 삼복의 더위에는 시신이 부패하여 썩은 액체가 지상
에 떨어지고, 악취가 끝없이 사방에 흩어져서 코를 찌르게 된다.
낮에는 까막까치가 울고 밤에는 부엉이가 운다. 사자의 영혼은
말이 없어 알 수가 없다고 하지만 무정함도 매우 심하다고 할 수
있다. 나는 이전에 경상도 밀양 문밖의 율림栗林에서 3개의 시신
을 매단 것을 보았다.

황해도, 평안도 양도에서는 시신을 바로 흙에 매장한다고 한
다. 그러나 삼남, 경기에서는 시신을 산기슭 혹은 야외에 지고 가
서, 이것을 바로 매장하지 않고, 둥근 나무로 만든 십자가 두세
개를 세우고, 그 위에 관을 놓고 짚을 가지고 이것을 덮는다. 그
리고 그 주위를 갈대로 싸서 비와 이슬을 맞게 두어, 살이 썩어
백골이 되기를 기다렸다가 방위를 정한 다음 개장한다. 내지의
마을 밖 산기슭 야외는 여러 시신이 우로에 방치된 것을 볼 수 있
다. 참으로 기이한 풍속이라고 할 수 있다.

화장은 승려가 죽었을 때에 한해서 행한다. 일반 인민은 화장을 싫어한다. 화장을 할 때는 먼저 절 밖의 들에 화장장을 정하고, 절에서부터 여기에 이르는 사이 군데군데 불을 피워 도로를 비춘다. 관을 메고 그 사이를 지나 정해진 장소로 간 다음, 장작더미를 쌓아놓고 화장한다. 타다 남은 뼈는 모아 가루로 만들어 밥에 섞어서 새에게 먹인다.

홍묘紅苗*의 풍속은 사람이 죽으면 반드시 그 가죽을 벗겨서 저장하고, 그 수가 많은 것을 사람들에게 자랑한다고 한다. 장소가 변하면 물품도 변한다. 세상은 여러 가지다. 지금 한인이 시신을 취급하는 것을 보니 실로 태고의 풍습을 보는 것 같다.

뼈 가루를 새에게 먹이는 것은 좋은 방편, 자못 부처의 뜻에 호응하는 것이다.

나무에 걸어서 썩히는 것은 무정함이 극심한 것이다.

---

* 중국의 운남雲南, 귀주貴州지방에 사는 오랑캐.

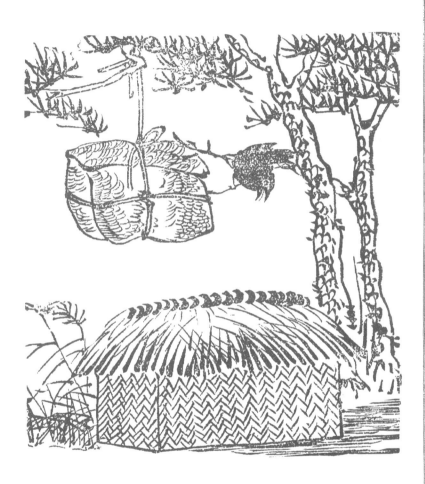

● 나무 위에 대롱대롱 매달려 있는 것을 휴대용 가죽가방으로 보는 것은 잘못 본 것이다. 나무 아래의 가옥같은 것은 시체를 넣어두는 오두막집으로 폭 3척 길이 5척 정도이다. 살이 부패되어 백골이 되는 것을 기다린다. 변소라고 잘못보지 말기 바란다.

여
의
사

조선에서 중류 이상의 부인이 병에 걸리면 남자의사에게 진찰을 받는 일이 없다. 진찰을 받는다 해도 얼굴 보이는 것을 부끄러워하여, 얼굴을 뒤집어쓰고 손을 내밀어 겨우 진맥을 보는 정도에 지나지 않는다. 또 여의사가 있지만 의사라는 것은 명목뿐이고 『상한론傷寒論』* 한 권도 읽지 않는다. 그 내실은 젊은 시절 겹치기로 일하는 것으로 생활을 하는 것이라서 이러한 여의사는 만일의 경우에 도움이 되지도 못한다. 불쌍한 조선의 부녀들이 중병에 걸렸을 때에는 별 수 없이 죽어갈 수밖에 없다.

우리나라는 문명이 날로 진보하여 의사에 뜻을 두어 학업을 마치고 졸업을 한 부녀도 매우 많다. 만일 이들이 바다 건너 조선에서 이 불쌍한 부인들을 치료한다면, 그 공덕이 무량하고 이익도 매우 많이 볼 것이다. 우리나라 사람으로 경성에 머물면서 의술을 직업으로 하는 자가 세 사람이 있는데, 모두 상당한 자산을 모으고 있다. 이들은 매월 수입이 평균 150엔을 웃돈다고 한다.

우리나라의 부녀 중 파도를 건너 이역에 가는 자의 대부분은 매음부이다. 지금 여의사가 그 기예를 가지고 이역에 가서 만 금을 번다면, 다른 녹록한 매음부도 혹시 의술을 배울 뜻을 세우지 않겠는가.

---

* 후한 시대의 장기張機가 편찬한 중국의 전통 의학서적. 전염병에 관한 치료 방법을 담고 있다.

● 조선미인이 일본의사에게 진찰을 받는 그림. 얼굴을 가린 것은 부끄러워서이다.

정려문

　효자, 충신, 열부는 집의 대문과 마을 입구의 문에 표창한다. 폭이 1자 5, 6촌에, 길이가 4, 5자 되는 붉은 현판에 '효자 모의 집孝子某之閭, 광서 모년 정光緖某年旌'이라고 옆으로 쓴 것을 문에 내걸고, 그것으로 많은 사람의 귀감을 삼게 한다.

조선의 산물로는 호랑이, 표범, 곰, 사슴, 학, 백로, 미곡, 우피, 인삼, 어류 등이 있다. 하나같이 자연산물이 아닌 것이 없다. 우리나라 사람은 조선을 우리의 상고문화가 유래한 나라라고 생각한다. 이러한 자연산물 이외에 공업적 물산을 수출하는 방책을 배울 협기가 있는 자가 없다. 조선에서는 인부의 품삯이 매우 저렴하기 때문에, 그들을 사역해서 공사를 맡게 하면 그들도 이롭고, 우리도 이익을 볼 수 있을 것이다. 즉 일거양득이다.

일거양득

복통약

　　조선 사람이 우리나라와 통상하기 이전에는 설탕이 없었다. 내지의 사람 중에는 그 이야기를 들어도 아직 그것을 알지 못하는 자도 있다. 그러므로 설탕을 조금 주면 아까워서 바로 먹지 않고, 넣어 두었다가 복통약으로 사용하는 자가 있다. 참으로 우스운 일이다.

　　복통의 묘약이 알고 보면 위를 해롭게 하는 것인데 묘하다.

짐승을 잡아서 그 껍질을 취급하는 자는 인간 외의 인간으로서 일반 인민으로부터 도외시되어, 동등한 교제를 하는 것이 불가능하다. 이것은 우리나라 봉건시대의 에다穢多이다.

에다(백정)

유일한 이로움

정한의 역에 우리 병사가 난폭하게 약탈하여 이르지 않은 곳이 없었다. 8도는 거의 초토화되었다. 그 사이 조선에 하나의 이로움을 준 것은 벼 모종을 이식하는 것, 즉 모를 심는 기술을 가르쳐 준 것이다. 조선은 지금 여전히 그 법을 전하여 만민이 그 이로움에 의지한다. 그 이전은 벼의 씨를 바로 논에 뿌린 채로 추수하기를 기다렸다. 마치 토끼가 부딪쳐 죽은 나무그루를 지키며, 다시 이런 일이 일어나기를 욕심내는 치한과 같다.

조선의 국법에 우두의가 되려는 사람은 미리 관에 수십 금을 납부하고 허락을 받아야 한다. 우두 의사는 한 번의 보수가 실로 수금에 이른다. 우리나라 사람으로 침과 천연두의 고름을 가지고 내지에 들어가 하루 밤 만에 우두의사가 된 자도 있다. 그 수익이 많기로는 한 철에 거의 백금 이상을 거둔다고 한다. 한의韓醫는 종두 기술에서 이들 하루 밤에 만든 의사와 교묘함과 서투름을 가릴 수가 없다.

우두 의사

인
천

　　여기에 게재한 것은 인천항의 그림이다. 바다 건너 부
두와 대치하고 있는 것은 월미도이다. 섬 앞에 옆으로 있
는 2개의 선체는 정기적으로 항해하는 우편선이다. 멀리
밖에 떠 있는 하나의 선체는 우리의 상비군함이다. 자세
한 것은 뒷날 기술한다.

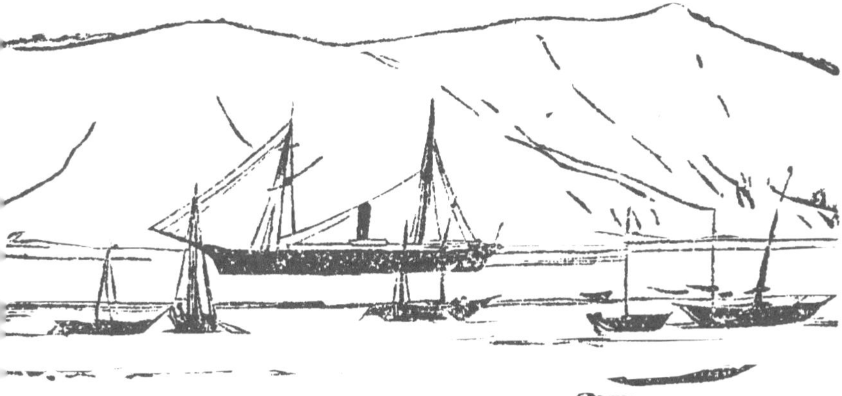

● 인천시장 그림, 가까이 보이는 초가집은 조선 가옥이고, 이어서 구획이 단정하고 도로가 평탄한 것은
일본인의 거류지이다.

송도

송도松都는 경성을 떠나 16리에 있다. 고려의 왕도로서 성대한 대도회이다. 호상의 대부분이 이곳에 살고, 상업은 오히려 경성보다도 성대하다. 여기에 사는 지나인은 백 명이고, 우리나라 사람은 두 명의 약상과 인삼매입 때문에 때때로 들어오는 수 명의 상인이 있을 뿐이다. 원래 우리나라 사람은 자본이 적은데도 불구하고 기품만 매우 높다. 내지를 행상하는 것은 지나인의 일이다. 그것은 당당한 일본인이 그들과 나란히 이익을 다투면서 돌아다니는 것은 국체에 관계되는 일이고, 또 적은 이익을 쌓아 거부가 될 생각은 없기 때문이다. 다만 투기적인 일을 좋아하고 장사를 도박에서 주사위 눈이 1과 6이 나오는 승부와 같이 생각하는 자가 많지만, 비교적 거부를 모은 자가 없다. 오히려 그 1문을 얻으면 그 1문을 쉽게 놓지 않는다는 지나인보다도 본국에 돈을 갖고 돌아가는 자가 적다. 가령 인삼매입 사업과 같이 일종의 모험을 요하는 것은 지나인 같은 착실주의 상인에게는 할 수 없는 일로서, 지나인은 일단 일본인의 손에 넘겨진 것을 다시 매입하는데 지나지 않는다. 지나인도 한인과 직접 거래하는 것이 이익이 많다는 것을 모르는 바 아니지만, 결코 자기의 일정한 업무를 버리고 국금을 범해서 이러한 모험에 손을 대지 않는다. 우리나라 사람의 모험심을 결코 나쁘다고 천하게 볼 것은 아니다. 그러나 무엇에나 일확천금의 희망을 갖고 손을 대기 때문에, 실패와 성공을 평균하면 착실하게 장사를 하는 것보다 이익이 적은 경우가 많다.

조령은 충청도·경상도 양도의 경계에 걸쳐 있는 높은 산으로 산길이 좁고 구부러지고, 수목이 울창하며, 승냥이와 이리가 왕래하는 곳이다. 산중에 작은 정자가 있는데, 계곡에 이르러 만난다. 여기를 경상도의 신구 감사가 서로 인수印綬를 교환하는 곳으로 한다. 정자 가운데 묵으로 쓴 흔적이 넘치는데, 이것은 모두 여행객의 원통함을 호소하는 필적이다. 그 내용은 대개 이러하다.

"제주목사 이억길李億吉은 도적이다. 매달 백성의 재산 5천 냥씩 징수하니, 백성이 어떻게 생활을 하겠는가."

"김해부사 민영유閔泳裕는 하층민을 학대하여 이르지 않는 곳이 없다."

주에 말하기를 조령은 8도 첫째가는 요해지로 한사람이 만 사람을 막을 수 있는 곳이다. 관문이 셋 있는데, 주흘主屹, 조동鳥東, 조령이다. 옛날을 회상해보면 고니시 유키나가가 문경을 치고 바로 이 험준한 지역을 넘어 어용산魚龍山과 곳갑천串岬川을 지나 충주에 들어갔다. 우리나라가 가장 자신 있는 지역이다.

**사
원**

현재의 왕가 이씨는 불교를 믿지 않아 폐사廢寺를 재건
하는 것은 묻지 않는다고 해도, 새로 불사를 건립하는 것
을 엄금한다. 그러므로 현존하는 가람은 모두 고려 이전
의 고찰 혹은 폐사를 재흥시킨 것이다. 사원은 대개 산간
유곡, 인적이 드문 곳에 있다. 그 규모의 광대함은 본당과 승사를
수십 동이나 갖고, 거하는 승려도 수백 인이며, 창고가 충실하고,
의식이 부요한 것으로 알 수 있다. 민가가 겨우 비와 이슬을 피하
는 것 같은 참담한 광경임을 생각해보면 이곳은 참으로 별천지라
는 생각이 든다.

본당에는 석존釋尊의 동체를 중앙에 안치하고, 그 밑단에는 '국
왕전하성수만세', '왕비전하성수만세', '세자저하성수만세'라고
쓴 3개의 위패를 안치하고, 징, 목어木魚, 경전상 등을 배치하는
데, 그 장식이 마치 우리나라의 선종사禪宗寺를 보는 것 같다. 벽
천정에는 천인보살상과 천당지옥 그림, 또는 공자 72제자와 제불
諸佛이 함께 그려져 있다.

매일 외우는 것은 국왕, 왕비 양 전하 및 세자저하의 행복을 기
도하는 것이고, 국가의 편안을 기도하는 것이다. 무리를 모아서
설교하는 일은 절대로 없다. 장례식은 승려가 관계하는 것이 아
니므로 경내에 묘지를 보기 어렵다. 한인이 부처에게 예배하는
것은 후세를 영위하기 위해서가 아니다. 다만 현세의 길상吉祥을
기도하기 위해서이다. 그러므로 아이를 낳으면 영달을 기도하고,
마마를 앓으면 낫기를 기도한다.

승려는 머리카락을 기르지 않으므로, 우리나라의 승려와 다르지 않다. 그렇지만 면도칼을 가지고 깎는 일은 드물다. 대부분은 문도종門徒宗*과 같이 산발하는 습관이다. 의복은 엷은 쥐색을 입고, 보라색, 홍청, 황색의 가사를 걸친다. 생선과 고기는 먹지 않지만 매운 채소를 즐겨 먹는다. 담배를 피우는 것은 금지되어 있지만, 음주는 허락되어 있다. 여색은 엄금하지만 심부름하는 아이를 두는 것은 마음대로이다. 시를 짓고 글을 초하는 것을 잘 하는 자는 있어도, 불교경전에 밝은 자는 없다. 좌선당坐禪堂의 현판을 내건 방이 있지만, 다만 노승이 잠을 탐하는 방에 지나지 않는다. 큰 절의 조직은 작은 공화정치로 승통僧統 영감이 되는 자가 그 주령主領이다. 상하 모두가 자력으로 먹고, 술 담그기, 부채, 둥근 부채 등을 제조하여 이것을 민간에 팔고, 혹은 목수가 되고, 혹은 좌관左官**이 된다. 각기 얻는 것을 모아서 큰 절의 살림살이를 움직인다. 따라서 승려의 품격은 매우 천하게 된다. 속인에게는 머리를 숙이고 몸을 낮추며 한 마디라도 하지 않는다. 진정으로 거지의 대우를 받는 것이다.

아아, 불교가 떨치지 못하는 까닭은 법에 있지 않고 승려에게 있다. 조선의 승려는 장엄하게 우러를 수가 없다. 어찌 부처의 교법을 전하여 일체의 중생을 구제할 수 있겠는가. 남북 서한산西漢

* 문도종을 에도시대에는 일향종一向宗, 본원사종本願寺宗이라고도 했으나, 1872년부터 정토진종淨土眞宗이라고 불렀다.
** 벽이나 흙담 등을 마무리하는 직인.

山의 사원은 일종의 군대조직으로 이루어져, 대장승려가 이것을 통솔하고 나라에 일이 있을 때는 무기를 잡고 병사가 된다.

송뇌자가 말하기를, 조선의 사원에 놀러가면 평일의 우울한 정을 위로받을 수 있다. 마치 우리나라 사람이 온천, 해수욕에서 하는 것과 같다. 우리나라에 본지수적本地垂迹의 설*이 있다. 조선 역시 공자 및 제철諸哲을 부처에 필적한다. 그 도가 심히 비슷하다.

---

* 불·보살을 본지本地로 하고, 신을 중생구제를 위한 수적垂迹이라고 하는 설. 법화경法華經과 대일경大日經에 근거했다. 일본에서는 헤이안 시대부터 각지 신사의 본지불本地佛이 확정되어, 신불습합神佛習合이 진행되었지만 메이지의 신불神佛분리에 의해 쇠퇴했다.

내가 일찍이 경상도 양산의 통도사에 놀러간 적이 있다. 절은 신라 선덕왕善德王이 창립한 곳이다. 수목이 울창하고, 암석이 험준하여 자못 형승을 차지한다. 절에 석가의 머리 사리 및 가사를 보관한 석실이 있다. 절의 기록에 이르기를, 왜구가 있어 그것을 열고 훔쳐서 왜국으로 가져가려고 했다고 한다. 그러나 갑자기 비바람이 불어쳐 지척을 분간할 수 없게 되고, 번개가 쳐 도적은 바로 죽었다고 한다. 그리고 사리와 가사는 다시 절에 돌아왔다고 한다.

기타 팔도의 왕릉, 고분이 왜구 때문에 발굴되지 않은 것이 거의 드물다. 김해부의 수로왕릉과 같이 왜구의 해를 입은 것이 한 번이 아니다. 내력을 기록하여 신병神兵이 일어나서 이것을 평정했다고 한다. 누가 알겠는가. 팔도의 보물이 모두 왜구에게 약탈당했고, 왕릉 고분도 모두 매미가 허물을 벗은 것처럼 되었다.

조선사에 이르기를 '왜구의 해는 임진 역보다 지나쳐 잔혹하다'고 한다.

통도사

5부

무예는 궁술만 남았다

朝鮮雜記

무예 | 종교 | 석 무정石無情 | 좋은 시화 | 속된 노래 | 기둥에 쓰는 글 | 시를 짓다 | 고 기
와와 토우 | 골동품

무
예

조선의 무예 중에 현재 존재하는 것은 궁술뿐이다. 칼과 창이 없지는 않지만, 평일 그것을 연습하는 자는 없다. 활은 반궁으로 화살의 길이는 우리나라의 것과 다르지 않고 표적은 한 칸 사방 정도의 판자에 '앞에 말한 〈혼돈을 구별하지 못하다〉의 기사 중에 제시한 것과 같은 것'을 그려서, 백보의 거리를 재고 쏜다. 매년 시험이 있어서 잘 명중시키는 자는 선달의 칭호를 얻게 된다. 또 철포의 표적도 있지만 활과 같이 유행하지는 않는다. 활의 유행은 대개 패배와 승리를 결정하는 하나의 도박이기 때문에 조선 사람의 기호에 맞는 것이다.

이조 이전은 불교가 매우 융성하여, 국왕이 귀의하여 믿는 것도 깊었다. 그러나 이조가 고려를 대신하여 팔도를 지배하기에 이르러 불교를 배척하고 유교를 숭상하는 방침을 채택하자, 나라 안이 좋아서 유교로 돌아가고 불교를 신봉하는 것을 어리석은 사람들이라고 매도하기에 이르렀다. 그래서 불교는 사람을 감화시키는 세력이 없을 뿐 아니라 승려가 학문을 하지 않고 다른 사람에게 업신여김을 당한다. 이른바 불교라는 것은 산속의 가람과 들에 널려 있는 석불과 탑뿐이다. 옛날의 그림자를 남기고 쓸쓸하게 여행객의 감개함을 불러일으킬 뿐이다.

또 조선사람이 숭배하는 유교를 보면 이것 역시 거의 이름뿐이고, 각 군 각 현에 공자묘를 세워서 때로 석전釋奠의 예를 행하는 데 지나지 않는다. 촌부자는 스스로 유자라고 이름을 부르고 아동에게 『논어』, 『맹자』를 가르치지만, 학문의 깊이가 얕아서 겨우 주자朱子의 집주集註*를 금과옥조로 마음에 새기고, 퇴계·율곡 두 사람을 숭앙하여, 고금인이 서로 미치지 못함을 탄식하는데 그치고 있다. 주자 이외에는 중요한 것을 내놓지 못하고, 주자 이외에 영웅호걸의 유자가 있다는 것을 아는 자가 없다.

관혼상제의 제식에 이르기까지 모두 그 제도만을 항상 사용하고, 우리나라는 유교국이라고 하여 거만하게 사람에게 자랑하는

* 송나라 때 주희가 경서經書에 대한 선현의 논리와 철학을 종합하여 집주와 장구章句로 집대성했다.

데 지나지 않는다. 그들이 숭상하는 바는 유교이지만, 그 표상은 허례를 일삼는 것이고 실체인 도덕의 원천을 연구하는 바가 없다. 그래서 국내에 큰 선비가 한 사람도 없고, 박식한 사람도 없다. 조선의 도덕이 위축되어 떨치지 못하는 것은 감히 의심하고 놀랄만한 것이 아니다. 평안도 평양의 대학 같은 것은 관을 쓴 수천 명의 늙은 서생이 서로 만나서, 공자시대의 교육을 모의하는 하나의 극장에 지나지 않는다. 매우 웃을 만한 일이다. 그밖에도 도사라는 자가 있어, 깊은 산과 계곡에 거하며 풀뿌리와 나무껍질을 먹고, 이슬을 먹고 새우를 먹으며 스스로 신선이라고 칭하지만 이들도 길흉과 회한을 말하며 어리석은 백성을 속이는 간계한 무리일 뿐이다. 본래부터 국교에 관한 세력을 갖지 못하는 조선의 종교는 이미 이와 같다. 종교가 없는 나라라고 말하는 것이 어찌 없는 일을 꾸며서 하는 말이겠는가.

갈증이 나면 마실 것을 구하고 배고프면 먹을 것을 바라는 것은 사람의 정리이다. 여기에서 야소교가 널리 포교하여 그 세력이 빠른 속도로 이루어지고 있다. 대개 20년 전 대원군 이하응李昰應이 한 번에 야소교도를 죽였을 때에는, 그 신도가 2만 명에 이르렀다고 들었다. 금일과 같이 신앙이 자유로운 때에는 그 수가 매우 많을 것이다. 더하여 선교사가 열심히 병원을 세우고 빈민 교원을 설치하고 혹은 단신으로 스스로 내지에 들어와 고초를 맛보고 위험을 무릅쓰고 포교를 게을리 하지 않는다. 권유하기를 힘쓰지 않음이 없다. 한인들은 그들이 열심히 하는데 감화되어 끝내는 나라 전체가 천제를 숭배하는 사람이 되는 것도 알지 못한다. 아, 포교가 목적하는 바가 다만 복음을 펴서 한인의 문화를 증진시키려는데 그치지 않는다면, 우리가 또한 무엇을 말할 것인가. 다만 그 열심에 감사할 뿐이다.

그렇지만 그 목적하는 바가 종교를 검으로 삼아 한인의 뇌를 가르고 그 혼을 빼앗아 드디어 그 살을 먹기에 이르게 되면 나는 잠자코 있을 수가 없다. 선교사의 목적이 종교에 있지 않고 그것에 있다면 조선 사람들은 깊이 경계하지 않으면 안된다.

석무정石無情

　경성 안 모 씨의 저택 안에, 인물을 곱돌蠟石에 촘촘하게 새긴 오중탑이 있다. 조선의 국어에 통하지 않는 우리나라 사람은, 그것을 보려고 여러 곳을 찾아가 물어도 찾을 수가 없어 깊이 유감이었다. 그래서 길을 가는 한인에게, "此近處, 蠟石切人者, 有否(이 근처에 곱돌에 인물을 새긴 것이 있는가)"라고 글자를 종이 한쪽에 써서 보여주는데, 한인이 이상하다고 머리를 갸우뚱 하며 그 옆에, "石無情, 焉得切人哉, 蓋虛說耳(돌에 정이 없는데, 어찌 사람을 베겠는가. 대개 헛된 설일 뿐이다)"라고 써서 주었다. 그 사람은 그것을 해석하지 못했다.

　필담한 것을 가지고 거류지에 와서 다른 사람에게 훈독訓讀*을 청하자, 그것을 들은 사람들은 모두 웃음을 참지 못했다.

　이 탑은 고려조의 유물로 돌 위에 고려 사람이 어망을 당기는 그림을 새겼다고 하나 지금은 마멸되어 알 수가 없다. '石切人'이란 질문이 이미 망령된 것이니, 답을 얻어 해석할 수 없는 훈독을 청한 것 역시 웃을 일이다.

---

* 한자를 음이 아니라 뜻을 새기어 읽는 것.

우리나라에서도 당나라 사람과 그 재주를 비교하여 자랑할 만한 이야기가 적지 않다. 조선은 특히 지나를 존경하는 풍습이어서, 지나인에게 이긴다고 하면 매우 명예롭게 생각한다. 황해도 재령군을 떠나 7리를 가면 구월산이라고 하는 곳에 유명한 고찰이 있다. 내가 일찍이 이곳에 도착했을 때 산승이 나를 위해 말하기를, 일찍이 당나라의 유명한 시인이 이 산에 와서,

九月山中春草綠(구월산 중에 봄풀이 우거지고)

라고 노래하고, 옆에 있는 우리나라 사람에게 그 대귀를 구하니, 그 사람이 바로 붓을 적셔서,

五更樓下夕陽紅(오경루 아래는 석양이 붉구나)

라고 써서, 당나라 사람을 놀라게 했다고 한다. 말을 마치고 산승은 만족해했다. 좋은 시화라고 할만하다.

한번 읽으면 청풍에 둘러싸이는 느낌이다.

속된 노래

조선의 속된 노래에 사랑하는 사람의 떠나가는 뒷모습을 멍하니 바라보고, 깊은 정을 누르지 못하고, 그렇다고 해도 소리를 질러 부르면 사람에게 웃음거리가 된다고 하는 내용이 있다. 손을 들어 불러도 사람은 자유롭지 못한 몸이어서 머리 뒤에 눈이 없는 슬픔, 연인에게 미칠 수 없는 것이 어찌할 수 없다는 뜻을 재미있게 노래한 곡조인데, 고풍스럽고 우아해서 매우 사랑할 만하다. 한인도 정취를 이해하는 자라고 할만하다. 자리에 있는 벗에게 그 의미를 번역한 것이 두 수 있다.

목소리 높여 부르면 남 보기가 부끄러움이여.

어쩔 수 없다는 것을 알면서도,

손짓하여 부르는 뒷모습.

목소리 높여 부르면 웃음거리가 되고,

손으로 불러도 어쩔 수 없으니

아, 애가 타는 것을 어찌 할 것인가.

모르고 가는 뒷모습.

조선의 풍속에는 그 집 문 및 기둥에 반드시,

"堯乾坤. 舜日月(요의 건곤에, 순의 일월일세)"*

"箕子故園. 大明乾坤(기자의 옛땅이요, 대명의 건곤이라)"

"門迎春夏秋冬福. 戶納東西南北財(문으로 춘하추동의 복을 맞이하고, 창으로 동서남북의 재물이 들어온다)"

"近水樓臺先得月. 向陽花木最成春(물에 가까운 누각이 달빛을 먼저 얻고, 태양을 바라보는 꽃나무에 쉽게 봄이 깃든다)"**

"借問酒家何處在. 牧童遙指杏花村(술집이 어느 곳에 있는가 물으니, 목동이 멀리 살구꽃 핀 마을을 가리킨다)"***

등의 시구를 써 둔다.

---

* 태평한 요순시절을 말함.

** 권력에 가까이 있는 사람이 이득이 많다는 뜻. 북송의 정치가이자 문학가인 범중엄(范仲淹, 989~1052)이 항주에 있을 때 그의 부하로 적지 않은 사람이 승진했으나 소린蘇麟만이 추천을 받지 못했다. 소린은 범중엄에게 이 시를 지어 바치자 범중엄은 이를 감상하고 흡족하게 여기고 소린의 인물됨을 다시 보고 추천했다고 한다.

*** 두목杜牧의 청명清明이란 시.

시를 짓다

조선인은 5, 7언 절구를 절絶이라고 하고, 5, 7언 율을 율律이라고 한다. 고시古詩를 시라고 한다. 운韻자가 없는 고시를 부賦 또는 고풍이라고 한다. 이것은 조선 일반의 습관이다. 그러므로 한인에게 시를 지으라고 할 때는 저들은 바로 고시를 생각한다.

우리나라의 고 기와가 현존하는 것을 보면 모두 포목와布目瓦*가 아닌 것이 없다. 조선의 기와는 새것이나 옛것을 물을 것 없이 모두 포목와이다. 기와의 제조는 조선에서 우리나라로 도래하여 이후 그 법을 변화시킨 것이다.

부산과 동래부의 도중에 금정산의 산허리에 한 작은 사찰이 있다. 당唐의 정관貞觀** 연중에 창립되어 이후 몇 번의 화재를 거쳐 옛날 상태로 다시 볼 수는 없지만, 당시 미술의 발달을 미루어 볼 수 있다. 산신묘 옆에 있는 한 작은 토우의 잔결殘缺을 보면, 결가부좌한 노승의 수염과 눈썹, 뺨, 옷의 부름이 자못 신을 닮았다.

---

* 천을 눌러서 무늬를 나타나게 만든 기와.
* 당나라 태종 때의 연호.(627~649)

골동품

　　지금 조선에서는 서화 골동품 가운데 귀하다고 할 만한 것이 매우 적다. 그러나 옛 연못에 물이 마르지 않는다는 속담과 같이, 부유한 양반의 집에는 볼만한 것이 적지 않다. 조선 사람은 평소부터 고고考古의 재료로 보존하는 것이 없다. 또 풍아한 마음이 있어 보관하고 있는 것도 없다. 다만 헛되이 광주리 속에 넣어서 좀의 해를 피하게 하는데 지나지 않는다. 우리나라 사람으로서 서화 골동품에 뜻이 있는 자는 조선에 가서 그들의 광주리 속을 찾아보면 묘미가 있을 것이다. 그렇지만 이들 물건은 모두 문 안, 내실에 소장되어 있는 것으로, 남자는 그 뜻을 이루기 어렵다. 만일 여자에게 자유롭게 그들의 내실에 출입하게 하여, 그것들을 찾아내게 할 때는 생각지도 않은 진기한 물품을 얻을 수 있을 것이다. 그들이 소장하는 곳의 서화 골동품은 대개 지나 선박이 실어온 물건이라고 한다.

6부

청국의 야심과 일본의 열세

朝鮮雜記

방척주의 (내버려둔)

조선은 만사에 대해서 방임주의의 나라라고 하기보다는 오히려 포척抛擲주의의 나라라고 할 만하다. 다만 고래의 습관이나 아니면 적폐를 묵수하는 것이 어느정도 그 국시와 비슷해서 일 것이다. 그러므로 식산흥업과 같이 재원으로 살리고, 국가에 의해서 운영해야 하는 것도, 몽매한 민중에게 맡겨버린다. 한가하게 국가의 존망을 도외시하고 감히 간여하지 않으니 매우 불쌍하다.

형세가 이와 같다면 조선에서 아직 새로운 사업으로 볼만한 것이 없는 것은 본래부터 그러하다. 새 화폐를 주조하는 일과 같이, 오미와 쵸베에(大三輪長兵衛, 1835~1908)*의 재주와 식견이 아직 충분하지 못한 것이 있다고 해도, 자못 그 수완을 펼칠 수 없는 것은 적폐 때문이니 깊이 이상하게 생각할만하다. 우리나라 사람이 순수한 마음과 의협심을 가지고 저들에게 만국의 정세를 깨닫게 하고, 신선한 공기를 호흡시키며, 신사업을 일으킬 용기를 생기게 하려고 힘쓰고 있는 것도, 근본적으로 조선을 혁신한 후가 아니라면 천 번 계획하고 만 번을 도모해도 공허하게 거품이 될 뿐이기 때문이다.

가령 우리나라 사람이 조선인의 우매함을 불쌍히 여겨, 신문을 발간하고 학교를 설립하며 저들을 차차 문화로 인도하려고 하는 것도, 그 말하는 바, 가르치는 바, 입국의 본원, 입신의 본체, 모

---

* 1878년 제58 국립은행을 설립하고 그 후 두취에 취임했다. 그리고 오사카大阪 수형교환소 회두 手形交換所會頭, 오사카부회大阪府會 의장, 동 시회 의장을 역임했다. 1891년 조선정부의 고문으로 폐제개혁幣制改革 등에 관여하고, 경부철도京釜鐵道 설립 때 발기인이 되었다.

든 것이 공자와 맹자에서 벗어나는데, 이렇게 조선 적폐의 원인을 지적한다면 한국 정부는 반드시 영을 발하고, 법을 설치하며, 신문을 열독하는 것을 금하고, 교사校舍에 출입하는 것을 벌하기에 이를 것이다. 이것은 쉽게 알 수 있는 정세이다.

오히려 학교를 설립하려 하고, 신문을 발간하기에 앞서, '일본인은 학교 신문을 바탕으로 어떠한 간계한 책략을 부릴지도 모른다', '국가의 대사는 반드시 여기에서 배태된 것이다' 등의 허황된 설이 백출한다. 다른 사람의 순수한 마음에서 나오는 은혜적 사업을 적대시하고, 그것을 파괴하려고 하는 것도 아주 쉽게 볼 수 있다.

아아, 노魯나라의 술맛이 싱겁다고 하여 조趙나라의 서울 한단邯鄲을 포위하여 재난을 당하니,* 이러한 어리석은 나라와 경계를 접하고 땅을 왕래하는 나라의 불행도 크지 않겠는가.

이것은 단지 한국만이 아니다. 약한 나라 사람이 강한 나라 사람의 사업에 대한 감정이 항상 이와 같다. 대개 의심은 스스로 어두운데 보이는 도깨비를 그려낼 뿐이니, 가련하다, 가련하다.

---

* 전국시대 노나라와 조나라가 술을 초나라에 바칠 때 노나라의 술은 싱겁고 조나라의 술은 독하므로 노나라의 사자가 술을 바꾸어 놓은 것을 초왕이 알지 못하고 조나라의 술이 싱겁다 하여 조나라 서울 한단을 포위한 고사. 남 때문에 뜻밖의 재난을 당함을 이름.

일본인과 청국인의 세력비교

주재공사의 수완 기량은 우리가 청나라를 따라가지 못한다. 더하여 조선의 사대하는 국시가 일청 양국인 세력의 강약에 영향을 미치고 있음은 알기 쉬운 이치일 것이다. 그러나 역시 거류지 인민의 많고 적음은 무엇보다도 그 세력의 강약과 관련이 있다. 부산의 거류민은 우리가 그들보다 많아서 그 세력이 훨씬 그들 위에 있다. 경성의 거류민은 그들이 우리보다 많아서 그 세력은 훨씬 우리보다 위에 있다. 인천이나 원산은 우리 세력이 약간 그들의 위에 있다. 아아, 어쨌든 경성은 조선의 정부가 있는 곳, 정치상의 명령과 법령이 나오는 곳, 이른바 조선의 수뇌지이기 때문에 경성에서 우리나라 사람의 세력이 지나인의 아래에 있다면 우리는 매우 유감으로 생각하는 것이다. 3항구에서 우리 세력이 그들보다 우세해도 감히 자랑하지 못할 것이다.

만약 하루아침에 풍운의 변이 이곳에 일어나면, 누가 한강을 끼고 한산을 옆에 두어 이 하늘이 준 형승을 차지하겠는가. 우리나라가 평생 전함을 강화에 띄워두어도 조생朝生의 채찍*을 드는 것이 청국이라는 것은 식자를 기다리지 않아도 알 수 있다. 지금 경성에서 일본인과 지나인의 세력 강약을 시험 삼아 말하면 일본인과 지나인이 싸운다면 우리나라 사람은 항상 패배할 것이다. 이것은 지나인이 다수를 차지하고 적대하기 때문이다. 경성에서

---

* 진晉나라의 유곤劉琨이 친구 조적祖逖이 먼저 임용되었다는 것을 듣고, 조생에게 먼저 채찍을 당했다고 말한 고사로, 남보다 먼저 착수한다는 의미.

우리나라 사람은 도저히 지나인에게 이길 수 없는 상황인 것이다. 가령 우리나라 사람이 남대문 근처에 노점을 펴고, 잡화를 팔려고 하면, 그 근방에 있는 지나의 잡화상은 장사 원수로 생각하고 사소한 일에도 싸움을 걸고, 많이 모여와서 장사를 방해하는 것이 그리 이상한 것이 아니다. 작년 남대문 안에 아직 순사파출소가 없었을 때에는 여기에 개점한 두세 명의 우리나라 상인은 매우 불안한 하루하루를 보냈다. 우리나라 사람에게 이유가 있다고 해도 완력을 가지고 할 때는 도저히 그들에게 대적할 수 없다. 지나의 이사부理事府에 일의 사정을 호소해서 무법 지나인을 단속할 것을 청해도 일본어가 통하는 순사가 와서 따로 자세히 듣는 것도 아니고, "당신은 일본인이니 일본영사관에 가는 것이 좋다"고 면박을 줄 뿐이다. 일본 경찰서에 도착하면 "그 상대를 잡아오라"고 하므로 분하지만 참을 수밖에 없다. 달리 방법이 없으니 우리 정부의 보호가 미치지 않는 것을 원망할 뿐이다.

이러한 일은 다만 지나인에게 제압될 뿐 아니라, 한인으로부터도 모욕을 받는다. 우리나라 사람이 남대문의 아침시장에서 노점을 내면 그 앞에 사는 한인에게 매일 아침 항상 약간의 사례금을 내야 한다. 그러나 지나인은 어디에 노점을 펴도 일문一文 반전半錢도 징수당하는 일이 없다. 이것은 일청 양국사람이 경성에서 갖는 세력의 강약을 알 수 있는 예증이다. 우리나라 사람이 한인에게 모욕당하고 있는 것을 알 수 있는 징후이다. 그러나 거류지 즉 진고개에서는 우리나라 사람의 세력도 크게 강해서 물품을 매매하러 오는 한인들은 항상 경어를 사용한다. 생각건대 한인은 제어하기 쉬운 동물로서 감히 물을 필요도 없다고 해도, 지나인의 세력이 우리나라 사람을 능가하여 한인에게조차 경모를 초래하는 것은 우리 국권의 소장에 관계됨이 크다. 우리나라 사람이 세력을 떨칠 방법을 강구해야 한다.

　조선이 병자년에 청나라에게 크게 패하여 어쩔 수 없이 청조의 정삭을 봉하게 된 지 2백 년이 되었다. 뼈에 사무치게 남은 한은 아직 잊을 수가 없다. 감히 몰래 명 말의 연호를 칭하는 자가 있다고 해도, 중앙정부는 사대에 힘쓰고, 명조를 받들던 것을 바로 청조로 옮겨, 조공 위문으로 청조의 환심을 사려고 힘썼다. 그리고 청국을 칭하여 대국이라고 말하고 중화라고 부른다. 스스로를 소국이라고 하고 소화를 칭하기에 이르렀다. 이에 이르러 드러내지 않는 사이에 청조의 속방이 되는 형세가 완전히 이루어졌다. 신하로서 청조를 섬기는 것이 뿌리 깊게 되었다고 말할 수 있다. 이 때문에 그 이후로 청이 조선을 대하는 정책 방침이 불변하고, 조선을 한결같이 속방으로 보고 조선국왕을 신하와 같이 본다. 마침내 인습을 풍속으로 삼아도, 사람이 감히 이상하게 여기지 않는다.

　지금 조선국왕은 실로 청조에 대하여 정3품 예부시랑의 관직을 제수받기에 이르렀다. 메이지 9년(1876)에 우리나라는 조선에 재촉하여 개항을 하고, 상호 양국 사이에 조약을 체결했다. 제1조에 조선을 독립국이라고 했다. 그리고 톈진天津조약*은 그 위에 독립을 확정했다고 해도, 청조의 정책은 여전히 조선을 속방으로 여기어 고치지 않는다. 그리고 항상 한정을 손바닥 위에서 조롱

---

* 일본은 갑신정변이 일어난 뒤 조선과는 한성조약(1885.1.9)을 체결하고, 같은 해 4월 18일 청국과 톈진조약을 체결했다. 그 내용은 조선에서의 청일 양국군 철수와 앞으로 조선에서 변란이 발생하여 어느 한 쪽이 군대를 파견할 경우에는 반드시 미리 상대 쪽에 알릴 것 등이었다.

하 듯 한다. 이것은 이홍장李鴻章의 수완이 반드시 한정을 제압했기 때문이 아니다. 한정이 우유부단을 좋아하는 시대의 습성이 있기에 이를 이용하여 정책을 펴기 쉬웠기 때문이다. 대개 청조가 한정에서 더욱 사대의 기습을 조장하고, 이것을 소멸시키는 일이 없게 하면, 스스로가 속방을 대신하여 조선의 국권을 좌우하는 것이 매우 용이하게 된 것이다.

청조는 한정에 군림하여, 항상 사대당을 돕고 진보당을 꺾어, 진보적인 의론을 하는 자가 있으면 사대당에게 사주해서 그것을 박멸시킨다. 데니Denny의 조선론*이 나오자 이홍장이 큰 소리로 꾸짖었던 것처럼 김[옥균], 박[영효]가 장차 계획을 이루려고 해도, 지나의 병사 때문에 헛되이 그림의 떡으로 돌아가 버린 이유이다. 요컨대 청조가 가장 두려워하는 것은 진보주의, 독립주의의 공기를 조선에 전파시키는 데 있다. 그래서 이러한 공기는 항상 우리나라(일본)에서 전파하는 것이 되어, 청조가 우리나라를 눈엣가시로 여기게 되었으니 무리도 아니다.

한정으로 하여금 우리나라 사람을 고용하여, 이러한 새로운 공기를 한정에 주입하는 것은 청조가 가장 좋아하지 않는 것이다. 호리모토 레이堀本禮造 중위의 병사훈련, 오미와 쵸베에大三輪長兵衞의 조폐고문, 모두 청조의 억압 대상이 된 것이다. 오로지 이것을 방해하여 없애려고 꾀하기에 이르렀다. 하물며 김, 박의 무리가 우리나라에서 불평을 말하고 있는데 있어서랴. 우리나라를 꺼

---

* 원저는 『청한론』(China and Korea, Shanghai, 1888).

려한다고 해도 어찌할 수가 없다. 아아, 고문관 러젠드르(C.W. LeGendre：李先得)[*], 그레이트 하우스(C.R. Greathouse：具禮)^{**} 등은 전국시대의 책사류일 뿐, 저들이 과연 무엇을 아는가. 우리를 버리고 저들을 취하는 것은 청국의 대한정책의 진의가 그 속에 담겨 있기 때문이다.

지금 우리나라 사람으로 한정에 고용된 자는 한 사람도 없다. 그리고 청국정부는 우리나라 정부의 약점, 즉 확고한 대한정책이 없는 것을 알기 때문에 원세개袁世凱가 경성에서 하는 거동도 오만하다. 그가 교묘하게 한정을 위복威服하고 내정을 간섭하여, 청국의 흠차공사欽差公使가 아니고 도리어 한정의 총리대신이 아닌가 하고 의심하는 자가 있는 것도 본래 청국정부가 교활하기 때문이다. 한정이 유약하여 무기력한 것을 이용하여 사대의 기습을 조장하고 뒤에서 속방의 열매를 거두려고 하는 것이 아니겠는가. 대개 우리나라 정부가 대한정책의 하나인 톈진조약과 같이, 분명히 조선을 독립국으로 하려는데 있어서랴. 그리고 청국정부는 아직 그 조약의 폐기를 부르짖지는 않지만, 실은 이미 그것을 공문空文처럼 여기고 있다. 그리고 실력으로 한정을 속방으로 하려고 힘쓰는 것이 현재의 상태이다. 우리나라가 만약 다른 날 한정에 관한 것을 가지고, 청국정부와 교섭하는 일이 있게 되면, 일부의

---

* 고빙기간은 1890.2~1899.9. 미국인으로 협판내무부사協辦內務府司, 궁내부 고문, 의정부 찬무贊務를 지냈다.

** 고빙기간은 1890.8~1899.10. 미국인으로 협판내무부사, 우체국방판郵遞局幇辦, 외부고문 겸 법부고문을 지냈다.

공문을 가지고 조선은 독립국이라고 주장하는 일이 있어도, 한정의 실권은 이미 청국정부의 손안에 잡혀 있는 것이다. 팔을 걷어붙이고 절규하는 사태가 일어나 후회해도 또한 미치지 못할 것이다. 하늘이 아직 비를 내리지 않는데 창을 떠나지 않고 붙어 있는 형국이다. 우리나라는 금일에 있어서 조선에 대한 확고한 정책이 없다. 나는 이 일을 가지고 정말로 우리나라의 지사를 향해 호소한다. 우리 정부를 향해 도모하기를 바라 마지않는다. 왜냐하면 현재의 우리 정부는 실력에 의한 정책에서 냉담한 자 같이 되었기 때문이다. 아아, 원활주의의 외교정책은 마침내 조선을 청국의 병탄에 일임하고 마는 것이 아닌가.

청국정부의 대한정책은 자못 예리하고 민첩하여 조금도 흠잡을 여지가 없다고 해도, 일득일실은 면할 수 없을 것이다. 종래의 역사를 이용하여 사대당을 도와서 진보당을 배척하는 정책은 선은 곧 선이라고 해도, 이 역시 필경은 고식적인 책략임을 면할 수 없다. 저 일사천리, 도도한 문명의 풍조는 도저히 인위적인 것으로는 그것을 막을 수 없다. 청국정부는 사대당을 도와서 진보당을 배척하기에 급급하여, 마치 맨손을 가지고 황하를 막으려는 것이니 일시의 미봉책에 지나지 않을 뿐이다. 일단 제방이 무너지면 홍수가 범람하고 그 격렬한 세력은 결코 막을 수가 없게 된다. 식자를 기다려 나중에 이것을 알게 될 것이다. 청국정부의 정책은 백성을 바보로 만들어 천하의 치안을 기도하는 것이다. 저 진시황秦始皇의 정략과 동일한 것이라고 할 수 있다.

　　요즈음 박영효는 우리나라에서 친린의숙親隣義塾[*]을 세워서 조선의 자제를 교육시키려고 한다. 이에 원씨가 매우 불쾌한 감정을 가지고 있다고 한다. 원씨의 형안이 어찌 박씨가 염려하는 보국의 충정을 그 가슴속에 가지고 있던 것을 모르겠는가. 그는 홀로 박씨에게 대하여 불쾌한 감정을 품을 뿐 아니라 나아가서 친린의숙의 설립을 미워한다. 본래부터 과연 그렇다. 아, 청 정부여 청 정부여, 당신은 한민의 무지몽매함을 좋아하는가. 당신은 실로 그것을 좋아하는가. 그러나 그것을 좋아하는 것은 다만 한정을 취해서 자신의 속방으로 삼으려는 정책상에 있어서 뿐이다. 반드시 내심으로는 한민의 무지몽매함을 기뻐하는 것이 아니겠는가. 당신이 만약 내심에서 한민이 영구하게 무지몽매함을 기뻐한다면, 이것은 개화의 조류를 알지 못하는 천치라고 할 수 있다. 당신은 다른 날 반드시 고려반도에 실망할 것이다.

---

[*] 박영효가 조선 유학생의 교육을 위해 도쿄의 나가다永田에 세운 사립학교로서 기숙사는 코우지마치麴町에 있었다.

경성에 있는 일본인 관리

경성에 거류하는 우리나라의 인민은 그 수가 적기 때문에 관민 사이에도 스스로 화목하고, 만사에 대해서 원활하다. 그러나 생각보다 순사가 뽐내는 것에는 크게 놀라게 된다. 대개 순사는 월급 외에 체재수당을 받고 있어 거의 주임관 이상의 생계를 영위할 수 있다고 한다.

서양의 무역하는 자는 일본은 싼 물건을 파는 나라라고 하여, 일부러 일본에 맞는 명칭을 붙여서 조악한 제품을 수입해 온다고 한다. 우리 일본인도 한인은 싼 물건을 판다고 하여, 조선에 맞는 조악한 제품을 수출한다. 조선이 빈곤한 나라라는 것을 알만한 것이다. 다만 인천, 경성에서는 조악하고 싼 물건이 있지만 파는 곳이 매우 멀다. 부산은 조선에서 가장 오래된 개항장이므로 조악하고 싼 물건을 사기보다는 오히려 견고한 것을 사려고 하는 풍조가 생긴다. 이에 의해 우리나라 수출상인 사이에는 부산에 적합한 혹은 인천에 적합하다고 하는 상투어를 만들기에 이르렀다.

조선의 우리나라에 대한 것을 가지고 우리나라의 서양에 대한 것과 비교한다. 아아, 우리나라는 서양 각국에 대해서는 하나의 조선국에 지나지 않는가.

싼 물건 판매

중국인

팔도 가는 곳마다 있는 시장에서, 지나인을 보지 않는 지역이 없다. 삼삼오오 열을 지어서 시내를 누비는 자가 기백명일 것이다. 그들이 파는 물건은 하나 같이 바늘, 못, 당지唐紙, 당실, 부싯돌, 성냥揚附木, 담뱃대烟竹 등으로, 적은 자본을 가진 자는 금건金巾 등을 파는 자도 있다. 한인과 섞여서 시장에 점포를 펴고 형편이 없는 것을 먹고 싼 옷을 입고 근검해서, 드디어 크게 벌어서 귀국한다. 우리나라 사람은 쓸데 없이 뜻밖의 이익을 얻으려고 욕심내서, 이러한 노동을 조롱하고 지나인을 천하게 본다. 한 재산을 모으는 것이 아니라, 파산해서 빈손으로 귀국하는 자가 많다. 아아, 지나인을 따라가려면 아직 멀다.

조선에서 신문은 우리나라 사람의 손에 의해 발간하는 것이 두 종류가 있을 뿐이다. 하나를 『조선신보』라고 하고 인천에서 발간한다. 다른 것을 『동아무역신문』이라고 하고 부산에서 발간한다. 모두 우리나라의 가나假名를 섞어서 문장을 쓴다. 지면이 아직 거칠고 의론이 유치하다. 보기에 충분하지 않다고 해도, 조선의 시사를 알려고 한다면 어찌되었든지 이것에 의하지 않을 수 없다.

교육의 일반

　　부유한 집에서는 교사를 고빙하여 그 자제를 훈육하지 만 보통 집에서는 자제를 이른바 촌부자에게 매일 통학 시킨다. 즉 이것을 자방字房이라고 한다. 기타 자제를 교 육하는 학사學舍는 하나도 없다. 아동의 학습하는 모양은 거의 우리나라 옛날의 데라코야寺子屋*와 다름이 없지만, 방 안에는 책상이 하나도 없다. 벼루상자와 강습하는 서 적만 있을 뿐이다. 그리고 초학 아동에게 가르쳐주는 것은 인륜 의 대의와 조선사의 개략을 쓴『동몽선습』의 일부와『천자문』한 책이다. 이것을 끝내면『통감절요』7책을 가지고 배운다. 모두 한 문이다. 습자는 매일 이것을 부과하여, 그 방법이 달리 표준이 되 는 것이 없고, 폭 1척, 길이 2척 5촌 정도인 누런 칠을 한 목판의 왼쪽 끝에 옛 사람의 시구 등을 써서 주고 이것을 견본으로 습자 를 시킨다. 하루를 쓰고 나면 수건으로 이것을 지우고 이렇게 여 러 번 쓰는 연습을 시킨다. 때로 깨끗한 종이에 붓으로 시험 삼아 쓰기도 한다. 몇 시에 시작한다고 하는 규정도 없다. 오로지 교사 의 마음대로 아동은 자방을 학문소로 삼고 또 놀이터로 삼아, 아 침부터 저녁까지 이곳에 있다. 춘하추동, 이와 같이 하면 여름에 는 야학과를 두고, 당시唐詩를 암송시키는 것을 상례로 한다. 아동 의 학령은 대개 10세부터 14, 5세에 이른다. 아동이 서적을 외울 때에는 한번 외울 때마다 몸을 좌우로 흔들어, 그 모양이 마치 종 이호랑이와 같아 실로 웃음을 사기에 족하다.

---

* 에도시대 서민의 교육시설. 승려·무사·신관·의사 등이 스승이 되어 읽기 쓰기 주판을 가르쳤다.

일본어학교

조선정부가 일본어 학생을 양성하기 위하여 설립한 것으로 경성의 일본공사관 앞에 있고, 생도는 불과 20여 명, 교사는 우리나라 사람 1명이다. 생도 중에는 이미 일본어에 능숙하고 신문지를 해독하는 자, 4, 5명이 있다고 한다. 전도유망하다고 할만하다. 그리고 그 일본어 학생들은 다만 우리나라의 언어를 배우는 앵무새가 아니라, 우리나라 말에 능통함과 동시에 널리 해외의 사정에도 통달하여 다른 날 조선건국의 영웅으로 스스로 자임하는 무리를 내기에 이르면, 이 어학교는 우리나라의 쇼카손주쿠松下村塾*가 아니겠는가.

우리나라 사람 중에 정부의 고문으로 고빙된 자는 전후로 모두 물러나고, 어학교 교장만 우리나라 사람을 등용했다.

---

* 에도 말기, 하기萩에 있던 가숙. 요시다 쇼인吉田松陰의 숙부 다마키玉木文之進의 가숙을, 요시다 쇼인이 1856년부터 주재하고, 다카스기 신사쿠高杉晉作·이토 히로부미伊藤博文 등 메이지유신에 활약한 많은 인재를 양성했다.

우리나라 사람으로서 조선에서 상법을 경영하는 자는 모두 자본이 적은 것을 걱정한다. 그렇지만 조선은 빈약한 나라이다. 자본을 써서 상법을 영위할만한 나라가 아니다. 얼마 안 되는 10만 엔의 자금이 있을 때는 그 운전의 방도가 없는 것을 걱정해야 한다. 그러므로 빈손으로 1만 내외의 적은 자금을 저축한 자가 있어도, 만약 모아서 10만에 달할 때는 운만으로는 가능하지 않다라고 생각하게 된다. 그러므로 서양인과 같이 조선에서 상법을

자본이 필요하지 않다

영위하기에 부족함을 알기에, 무역에 종사하는 자가 적다. 요컨대 조선은 무자본으로 자본을 만들려고 하는 사람이 손을 댈 만한 나라이다. 그러므로 조선에서 자본이 적어서 상법에 손을 댈 수 없다고 하지 말라. 저 지나인을 보라, 한 푼의 자금도 없이 와서 거액의 재산을 얻어 귀국하는 자가 많지 않은가. 우리나라 사람은 기품을 고상하게 하는 데에만 집착하여, 행상하는 것을 부끄러워한다. 노점을 펴는 것은 바보같이 생각하는 등, 한갓 실리계實利界에 먼 사상을 가지고 도리어 축재치부의 큰 소원에 달하는 것을 잊어버려, 항상 곤궁하다고 탄식하고 날을 소비하는 자가 많은 것은 어리석음이 심한 것이다. 한번 돌아보라.

백정(짐승을 도살하는 사람)이 되고 여정(가마를 메는 사람)이 되어도 독립적 생계를 영위할 수 있다면 무엇을 피할 것이 있겠는가.

해관세를 내고 수출입한 물품에 다시 내지에서 세금을 부과할 이유는 없을 터인데도, 실제 우리나라 상인은 이런 부당한 세금을 징수당하고 있다. 2, 3년 전까지는 곳곳에 징세소가 있어서 내지 상업자에게 적지 않은 방해가 되었는데, 지금은 경기도에서는 김천군 조포助浦, 경상도에서는 양산군 완동浣洞 뿐이라고 정해졌다. 집세관은 매월 2관 5백 문을 정부에 상납하는 약속으로 징세소를 설치하고 다른 수입은 자신의 몫으로 한다. 지금 그 과세는 다음과 같다.

쌀 1가마(한 섬에 5말 들어있다) 50문, 소맥 1가마 50문, 대두 1가마 50문, 당목唐木 1부負 30문, 대맥 1가마 30문, 우피 1부 30문.

만약 이것을 지급하지 않으면 강제로 그 물건을 몰수하고, 혹은 그 선박을 몰수하는 등, 악역무도가 미치지 않는 곳이 없다. 우리나라 사람이 과세는 일한조약에 위배한다고 따지면, 곧 말하기를 나는 우리 정부의 명을 받아 징세한다. 징세하면 그만일 뿐이다. 만약 이것을 부당하고 불법이라고 한다면 오히려 이것을 정부에게 묻고, 내가 관여할 바가 아니라고 한다. 우리가 감히 이것을 따르지 않고 단호하게 그 말에 응하지 않을 때는 우리가 물건의 매매주를 물색하여 대신 그것을 지불하게 한다. 그러므로 그 물건을 매매한 것은 적지 않은 손해를 입어서, 세금을 내지 않는 일본인과는 보통 매매하지 않는다고 한다. 그러면 널리 내지의 상업을 영위하는 자는 고객을 잃을 것을 두려워하여 씁쓸한 얼굴을 하고 이것을 지불한다.

부산에 있는 한국 부인

　　3항과 경성의 거류지에서 한국 부인이 우리 조계에 들어갈 수 없는 곳은 단지 부산뿐이다. 부산은 조선에서 가장 오래된 개항장으로 우리 봉건 이전의 역사로 거슬러 올라가 보면, 우리나라 사람과의 교섭이 옛날부터 있었던 지역이다. 그런데 왜 조선의 부인이 거류지에 들어갈 수 없는가 하면, 봉건시대에 우리나라 사람 중에 처음 조선에 체류한 자가 함부로 부인을 잡아서 강간했기 때문이라고 한다. 지금은 이러한 역사가 과거에 속하고 조선 사람도 자못 우리 인정에 익숙하여, 부인도 역시 우리나라를 꺼리는 기색이 없다. 부인을 거류지에 인도하는 법을 만들어, 과거의 좋지 못한 흔적을 길게 후세에 전하지 말기를 바란다. 요즈음 좋은 소식을 하나 얻었다. 이번에 부산 총영사와의 담판에서 부산 감리사는 다음과 같은 게시를 시읍에 붙이게 하고, 대혼식大婚式날 용두산에서 행해지는 양 폐하 요배식장에 1천여 명의 한인이 들어갈 수 있다고 한다.

게시

　　다음 게시하는 것은 일본 조계 안에 우리나라의 여인이 관광을 할 때 무단 욕설을 하는 것이 심히 부당하다. 절대로 서로 나쁜 말을 하지 말라. 당의자當宜者

갑오 2월 초 1일 조선관찰서

무단 욕설이 부당하다는 것은 거류지에 들어가는 부녀자를 한인 동료들이 욕설하는 것을 금한다는 것이다. 또 같은 날 다음과 같은 게시가 나왔다.

게시

다음 게시하는 것은 일본인이 출입하는 길에 우리나라의 남녀노소가 무단으로 욕하고, 실제로 의심하여 사납게 되니, 절대로 이와 같이 하지 말라. 당의자

대개 우리나라 사람은 거류지 이외의 시읍에 들어가면 왕왕 한인 때문에 항상 참을 수 없는 모욕을 당하게 된다. 부산 근방은 이제부터 모욕의 말을 듣지 않을 수 있을까. 바라기는 널리 전국 팔도에 영을 내려 우리나라의 여행객에게 '왜놈 똥 먹어라' 등의 욕과 함께 흙과 돌을 던지는 나쁜 짓을 제지하고 선린의 길을 강구해야만 한다.

해관 보고에 의하면 전라도 · 경상도 양도의 연안에서 어업에 종사하는 우리나라 어선 수는 1,500척에 달한다. 기타 이외에도 항상 1천 척 이상의 어선이 출입하고 있다. 지금 가령 한 척에 타는 사람을 5명이라고 하면 1만 2천 명의 어부가 매해 양도 연안에서 어업에 종사하는 것이다. 이들 어부는 대부분 히로시마, 야마구치, 쓰시마 등의 출신으로 매해 수확 총계 150만 엔을 내려가지 않는다고 한다. 즉 한 사람의 소득 150~160엔 이상에 해당한다. 연해에서 남는 이득이 막대하다고 할 수 있다. 매년 한 조각배에 흔들리며 만 리의 성난 파도를 이겨내고 조선 땅에 나간 자가 점점 많아진다.

전라도 · 경상도 양 도의 연안에서 어부의 수는 이와 같고, 어부의 이익도 이와 같다. 3항(인천, 부산, 원산), 경성에서 우리나라 사람의 무역액 6백 만엔 정도에 비할 만하다. 또한 거류인민 총계 1만 명 정도에 비교하면 그 이익과 인원이 어느 것이 크고, 어느 것이 작은가. 정부는 3항과 경성에 영사를 주재시키고, 저 상업을 보호할 필요가 있다면, 이 전라도 · 경상도 두 도 연안의 어업을 보호할 필요가 없지 않을 것이다.

작년 전라도 연해에서 우리나라 어부가 조선 사람에게 살해되어, 군함을 파견하는 등의 일이 있었다. 한때 인민의 주의를 야기했는데, 그 뒤 겨우 일이 수습되기에 이르러, 어민을 보호하는 문제는 우리나라 사람의 열기가 식어 버리는 특성에 의해 바로 잊어버렸다. 지금은 차를 마시는 사이에 하는 이야기조차, 이들의 일을 말하는 사람이 없게 되었다. 실로 안타깝고 한스러운 일이 아닌가. 어민 일반을 살펴보면 교육이 있는 자가 드물고, 따라서 한인 등의 이들 연해에 떠도는 어민에 대한 현재의 상황은 부산, 인천의 한인이 우리 거류지에 대해서와 같지 않다. 오만 무례를 거의 말하지 않는 자가 없다. 이에 더하여 분로쿠 정한 역에 가토 기요마사 등이 조선의 이순신 등에게 패하여, 전라도·경상도 두 도의 연안을 가지고 지금 이들의 사적을 전설로 말하고, 일본인은 상대하기 쉽다고 한다.

어부만이 아니라 일반의 우리나라 사람에 대해서, 경멸하고 모욕하는 거동이 많다. 조선 지방을 여행하는 자가 널리 아는 사실이다. 그래도 이익이 있는 곳은 사람이 나가는 곳으로, 호랑이를 잡기 위해서는 호랑이 굴에 들어가는 것도 감히 그만두지 않는 것은 사람이 당연히 그렇게 하는 것이기 때문에 한인의 무례 오만함에도 불구하고, 서로 이끌고 어업에 나가는 것이다. 누군가 말한다. 우리나라 사람이 조선에 거주하는 자를 한 사람을 늘리면 한 사람만큼의 국력을 키우는 것이라고. 어찌 알겠는가, 전라도·경상도 두 도에서 우리나라의 어부 한 사람을 늘리면 한 사람 만큼의 국력을 감소시키는 상태가 되는 것을. 저 어부는 안중에 글자를 모르는 무지 몽매한 사람이라도 역시 용맹하게 나아가 일본혼의 한 조각을 가진 민이 아니겠는가. 그래서 그 인원수가 많음에도, 비굴하게 금일 저 한인에게 압제 무례를 당하고 있는 것은, 대개 그 세가 분열하여 그것을 잘 통일할 수 없기 때문이 아니겠는가. 미가와(三河, 현재의 아이치 현)의 무사가 강하고 사납고 무쌍하다고 해도 도쿠가와 이에야스(德川家康, 東照公)가 일어나 이 것을 통어하지 않았다면 마침내 그 세력을 펼칠 수가 있었겠는 가. 저들 어부의 금일도 이와 같을 뿐이다. 한 사람이 그들을 잘 통솔한다면, 그들은 따라오면서 그 아래 바람에 서서, 악기를 타 는 한 손가락의 힘을 합쳐서, 한 주먹으로 붙잡아 쳐서 세력을 형 성하는 것은 이치 상 쉬운 것이 된다. 만약 이와 같이 잘 하면 조 선 사람이 우리 어부의 상대가 되기 어려움을 알고 살인사건과 같은 것은 자취를 끊고 우리나라의 위엄에 복종하기에 이르리라 는 것을 알 수 있다. 그럴 뿐만 아니라 조선 연해 어업의 이익은 우리나라가 오랫동안 이것을 잡아서 식민사업과 같은 기대하지 않는 결과를 보기에 이를 것이다.

이들 우리나라의 어부는 1년 중 연해의 어업에 종사하는 자와, 물고기를 잡을 시기를 기다려 우리나라에서 나가는 자의 구별이 있다. 그러나 쌀, 된장 등 일용품을 미리 탑재해서 가는 것은 본 래부터 할 수 없는 것이기 때문에 포획한 어류를 연해의 한인에 게 팔아 쌀이나 소금에 대신한다. 이러한 약점을 알고 있는 한인 등은 어부가 잡아온 어류를, 가령 10원의 가치가 있는 것이라고 하면 2, 3원 정도로 떼어먹고, 어부가 만약 팔지 않을 때는 그 노 를 빼앗아서 배가 떠나지 못하게 한다. 그 위에 전 마을의 민에게 포고하여 2, 3원이라면 결코 매수하지 말라고 한다. 어부는 생선 이 부패될까 두려워하고, 또 양식이 고갈되기 때문에 견딜 수 없게 된다. 드디어 그 손실을 생각할 틈도 없어 팔지 않을 수가 없게 된다. 한인 어부에 대한 무례 압제의 일부분은 대개 이와 같다. 그리고 이러한 나쁜 습관은 다만 어부에 대해서만 그런 것이 아니다.

나는 작년 경상도 연안 서천현에서 우리 상인이 한인에게 공격 당하는 것을 보았다. 해안의 백사 위에 거적을 펴고 읍내의 중요한 자가 그 중앙에 자리를 차지하고, 곁에는 무려 수십 인이 나란히 앉아서 우리나라 사람 하나를 모래 위에 앉히고 있었다. 조금 떨어진 곳에는 고문도구 즉 엉덩이를 치는 기계 하나를 두었다. 그 모습이 마치 오오카에치젠大岡越前*의 재판정이라고 할 만한 모양으로 상석에 앉은 자가 무슨 일인가 하고 엄격하게 상인을 꾸짖고 있다. 동포의 형편을 그냥 두고 볼 수가 없어서 그 이유를 상인에게 물으니, 전라도 영광에서 선박으로 미곡을 가져와 이곳을 지나는데, 서천현이 대흉년으로 곡물이 적었기 때문에 한인 모두가 상인에게 반드시 이곳에서 팔아줄 것을 강요했다 한다. 상인이 다른 사람에게 의뢰받은 곡물이라 자기 마음대로 팔 수 없다고 하자, 서천인이 죽더라도 돌아보지 않는 비정한 사람이라고 하여 오늘 많은 사람이 이렇게 담판을 하고 있는 것이라고 했다.

이것을 가지고 연해의 한인의 우리나라 사람에 대한 의향을 알 수 있다. 지사가 밑천을 가지고 가서 우리 어민을 보호하라. 어민

---

* 오오카 다다스케大岡忠相, 에도 중기의 다이묘大名.

보호책의 요령은, 진도, 소안도, 금갑도, 제주도, 통영 등을 주요 본거지로 하여, 쌀, 장, 기름, 된장, 술, 연초, 약품 등 어부에게 필요한 물건을 팔고, 어부가 잡은 어류를 사서, 이것을 제조 판매하는 것이다.

이렇게 안전하게 보호해준다면 어부가 한인에게 식료를 매수할 필요가 없다. 또 잡은 어류를 파는 것도 반드시 부산, 인천에 까지 갖고 갈 필요가 없다. 그 이익이 양자 모두에게 막대하고 옆에 전라의 산물, 즉 미곡, 우피, 우골, 목면 등도 매수하여 수출한다면 바로 큰 이익을 널리 얻을 수 있다.

야소의 선교사는 파도건너 만리의 이향을 마다않고 조선에 와서 으레 열심히 하는 것을 안다. 그 포교도 열심히 하는 것도 알 수 있다. 저 야소 선교사가 조선에서 원망을 받은 것은 있지만 하나의 은덕도 받은 것이 없다. 그리하여 게으르지 않고 싫증내지 않고 순순하여 어리석은 한인을 개발하는데 열심히 하는 것은 이와 같은 이유에서이다. 어찌 크게 믿는 바가 없이 그렇게 할 수 있겠는가. 오히려 이상한 것은 우리나라의 불교도로서 그 교법이 조선으로부터 건너와 대역사, 대은혜가 있음에도 불구하고, 조선 사람이 금일 무종교, 무도덕의 파도에 출몰하는 것을 보고 막연히 손을 놓고 있다. 저들의 생사를 도외시하는 것은 과연 무슨 일인가. 우리나라의 승려들이 자비심이 없다면 그만이다. 만일 보답하고 은혜를 생각하는 정신이 없다면 그만이다. 그러나 만일 이것을 조금이라도 가지고 있다면 법고法鼓를 울리고 일어나 홀로 야소교도로 하여금 조선에 건너가게 하는 일이 없게 하라. 저 십자군이 일어나 성적聖跡으로 하여금 다른 교인의 손에서 벗어나게 한 것 또한 이 때문이 아니겠는가. 지금 우리 불교의 본국은 드디어 야소교도가 점유하는 곳이 되려고 한다. 승려 된 자, 어찌 법당法幢을 치고 일어나지 않겠는가.

반대로 그것을 조선에 주재하는 우리 승려를 보면, 한 사람이 야소 선교사와 같이 열심히 하는 자가 없다. 재한 우리나라의 승려는 실로 열심히 하지 않는다. 공부하지 않는다. 승려들 중에 한 사람이라도 한국어에 정통한 자가 있는가. 한어를 연구하는 자가 한 사람이라도 있는가. 내지에 포교하는 자가 한 사람이라도 있는가. 한인을 감화시키는 자가 한 사람이라도 있는가. 나는 다만 그들의 거류지인이 죽었을 때, 관 뒤를 따라가는 것을 보았을 뿐이다. 시주의 공불에 정진 요리의 상대가 되는 것만 보았을 뿐이다. 아아, 아무것도 열심히 하고 있지 않는 것이 아닌가. 부처가 만일 이것을 듣고 있다면 그것을 무엇이라고 하겠는가.

나로 하여금 조선의 불교를 재흥할 방책을 말하라고 하면 여섯 가지 방법을 들겠다.

첫째, 용맹 정진한 승려를 선택하여, 조선의 사찰에 들어가게 하고, 자연적으로 조선 불교의 품위를 고상하게 한다.

둘째, 내지에 들어가 야소교를 배척하는 공기를 민중의 가슴 속에 주입한다.

셋째, 승려로 하여금 의술을 배우게 하여, 내지 각처에 파견해서 인민에게 약을 베풀고, 모르는 사이에 부처의 공덕에 젖게 한다.

넷째, 빈민학교를 세우고, 오로지 빈민의 교육에 종사하게 한다.

다섯째, 우리나라의 유능한 승려를 조선에 유학시켜, 그 지덕을 연마시킨다.

여섯째, 널리 상류사회에 교제하여, 상류인사로 하여금 불교에 귀의하도록 한다.

위의 방안을 취하고, 포교에 힘을 다한다면 조선의 불교가 다시 번창을 볼 때가 있지 않겠는가. 그리고 조선의 불교가 흥성하게 하기 위해서는 우리나라의 승려가 분발하여 그 소임을 담당하지 않으면 안된다. 이것은 우리나라 승려의 책임이다. 불도는 운연과안雲煙過眼* 하지 말고 분기하라.

---

* 구름이나 연기가 지나가는 것처럼 조금도 기억에 남지 않음.

우물 안의 개구리

경성에 있는 영국영사관의 고용인 최 모가 일찍이 나에게 말하기를, "영국인이 담배를 피우는 것이 하루에 50냥이다. 50냥은 일가 몇 사람이 먹을 수 있는 밑천이다. 그 교만과 사치를 생각해야 한다. 교만한 것은 오래가지 않을 것이다"라고 한다. 영국이 망할 날이 가깝게 되었는가. 아아, 저 빈약한 조선에 태어나 거친 식사도 배불리 먹을 수 없는 생활에 쫓겨, 달리 계수나무를 장작으로 때고 옥으로 밥을 짓는 부자가 있는 것을 모른다. 나를 가지고 다른 사람을 추측하고, 하루에 50냥의 담배 값을 가지고 교만과 사치의 극치라고 외친다. 우물 안의 어리석은 개구리를 일소에 부칠 것인가. 조선의 50냥은 우리나라의 돈 1엔 50전일 뿐 교만하고 사치하다고 하기에는 충분하지 않다.

7부

목욕탕인가 초열지옥인가

朝鮮雜記

십
리
표

　　내지의 시가나 촌락의 가는 곳마다 이상한 인형을 조각한 표목이 세워진 것을 본다. 이것은 조선의 십리표로 장승이라고 부르는 것이다. 이전에는 십 리(대략 일본의 1리)마다 이것을 세워 여행객에게 편의를 주었다고 한다. 장승이란 옛날의 악인의 이름으로, 길옆에 참수한 목을 매단 것을 생각해서 노표路標로 했다고 한다. 지금도 '경기까지 십리去京畿十里'등으로 길을 써 놓은 것이 있지만 대개는 '천하축귀대장군天下逐鬼大將軍', '지하축귀여장군地下逐鬼女將軍'이라고 쓴 것을 배치하여 전염병을 물리치는 신성한 물체로 삼는다.

객사에는 빈대, 모기, 이, 벼룩이 많아서 실내에서 잠을 잘 수 없다. 여름에는 객사의 주인도 실내로 안내하지 않고, 안에 있는 정원 혹은 길 위에 돗자리를 깔고 목침을 가지고 와서 그 위에서 자게 한다. 그래도 여러 무리가 되어 공격해서 잠을 잘 수가 없다. 마른 풀을 태워서 모기를 쫓아내면 모기가 모이지 않지만, 자신도 연기를 마셔 잠들 수가 없다. 점점 연기가 없어지는 것이 느껴지면 머지않아 모기떼가 소리를 내며 귓가를 스친다. 온 밤 붕붕 날아 잠을 새도 없다. 이에 더하여 하늘 아래 노숙하게 되면, 밤이슬이 내려 의복을 적시고, 그 괴로운 것이 마치 심산유곡에서 놀다가 돌아오는 길을 잃고 호랑이의 부르짖는 소리를 들으면서 몸을 눕히고 있는 것과 같다. 잠들지 못하는 사람이 태연하게 으스름달에 엎드려, 해가 저물어 꽃을 바라보는 것은 천금의 가치가 있는 봄밤이지만, 이것은 삼복의 여름밤에 객사가 있어도 잘 수 없고 주인은 있어도 있는 것 같지 않은, 이슬을 요 삼아 밤을 밝히는 것이야말로 과감하지 않은가.

빈대는 상충床蟲이고, 한번 물면 일주일 동안 아프다.

　　지난겨울 황해도 해주에 여행 갔을 때, 객사의 주인이 나에게 인사하며 말하기를, 근처에 목욕탕이 있으니 원한다면 안내하겠다고 했다. 나는 수십 일의 여행에 한 번도 목욕을 하지 못하여 피부를 긁으면 때가 손가락 끝에 가득 찼다. 아마 조선 내지의 객사는 하나같이 목욕탕을 두지 않고, 여름이라면 개울물에 씻더라도 정말로 추운 겨울에는 어찌할 수 없게 된다. 다행히 이 권유에 다시 살아날 것 같은 생각으로 바로 일어나 비누를 가지고 주인을 따라갔다. 주인은 나를 데리고 한 방에 도착하여 의복을 이곳에 벗어두어야 한다고 말한다. 보면 실내에는 목욕하는 사람들이다. 앉아있는 사람, 누워있는 사람 합해서 10여 명 정도가 있다. 모두 살이 없이 말라, 이 세상 사람으로 보이지 않는다. 앉아있는 자는 우물 안에서 눈앞에 불똥이 아른거리는 것 같이 빛나고, 누워있는 자는 숨을 헐떡거리며 호흡을 하고 가래를 뱉는 것 같다. 흡사 이것이 하나의 지옥과 같다.

　　내가 은근히 이상히 여기자, 주인이 말하기를 이곳은 근교의 고치기 어려운 병자가 요양하는 곳이라고 한다. 나는 주인의 말을 듣고서야 비로소 그들은 지하의 귀신이 아님을 알았다. 의복을 벗고 맨몸이 되어 탕에 들어갔다. 목욕탕은 직경 3칸 정도 되는 원형의 건물로 높이 2칸 정도였다. 작은 돌을 쌓아서 벽을 만들고 그 사이를 흙으로 발랐다. 지붕은 짚으로 엮어서, 통상의 가옥과 다르지 않았다. 전면에 잠그는 문이 하나가 있고, 나머지 문을 밀고 들어가면, 주인은 다시 이것을 닫아서 실내는 어두워 작은 빛도 새지 않는다. 그러니까 낮이 바로 밤으로 변하고, 본래 지적은 조금도 분간할 수 없다. 불기운이 뜨거워 심하게 더운 것이 마치 한대에서 바로 적도로 한 걸음에 날아간 것 같았다.

　나는 놀라면서도 어두운 곳에서 목욕통(욕조)을 왼쪽으로 오른쪽으로 더듬어 찾았다. 그러나 사방 벽의 단단함이 만져질 뿐 어디에 있는지 알 수가 없었다. 손가락이 떨어질 것 같은 매서운 추위 속에 있다가 갑자기 이 열탕에 빠지자, 바로 귀에서 소리가 나고 이마에 땀이 흘러, 호흡이 곤란하고, 심장이 고동쳐, 눈은 돌고 살이 녹을 정도였다. 그 번민을 말할 수가 없다. 목욕통을 찾으려 해도 찾지 못하고, 이미 생명이 위험하게 된 지금 나가려고 해도 문이 어디에 있는지를 잊어, 당황하여 낭패를 보고 있다가 겨우 문을 찾아 실외로 뛰어나갔다. 겨우 생명을 건진 것을 기뻐하고 있는데 주인이 나를 보고 달려와서 말했다.

　"손님, 땀이 많이 났으니 빨리 여기에서 씻어야 합니다."

　아아! 이것은 목욕탕이 아니고 열욕熱浴이었다. 옥상에 불을 피우고 집 아래서 열을 뽑는다. 그것이 대체로 우리나라에서 술을 만드는 방과 비슷하다. 욕조를 찾아도 찾지 못한 것이 지금도 이상하다. 나는 실로 처음 이런 목욕탕을 보고 놀라고 당황했다. 다시 실외의 한기를 접촉하니 땀으로 젖은 나의 수염은 모두 얼어버렸다. 급하게 옷을 입고 객사로 돌아왔다.

　　의사에게 들으니 이 목욕법 역시 일종의 이치에 맞는 것이라
한다. 귀신 길을 지나 와서 여기에 초열지옥에 떨어져, 생명이 다
하지 않은 것은 몇 명뿐.

　　야지기타彌次喜多의 고에몬부로五右衛門風呂*를 상기시킨다. 과연
호걸도 여기에는 입을 다물 것이다.

---

* 주철제로 만든 목욕통에 직화로 불을 때서 데운 더운물에 입욕하는 형식. 명칭의 유래는 아즈치
모모야마(安土挑山, 1573~1600) 시대의 도적 이시카와石川五右衛門가 1594년 교토의 산죠가와라三
條河原에서 가마솥 형에 처해진데서 나왔다. 또한「東海道中膝栗毛」라는 연극(十返舍一九 작품)에서
주인공의 한 사람인 기타하치喜多八가 오다와라小田原에 있는 여숙의 고에몬부로五右衛門風呂에
서 신발下駄을 신은 채 입욕하고, 바닥을 세게 밟아서 구멍을 뚫은 행동으로 유명하다.

내가 경상도의 초계草溪, 율지栗旨에 있을 때, 3, 4인의 관인이 들어와서 내가 묵은 객사의 주인을 묶어서 데려가려고 했다. 그것을 본 마을 사람들이 모여와서 관인 앞에 머리를 숙이고 허리를 굽혀 오로지 주인을 위해 사면을 요청해도 관인은 듣지 않고 더 한층 떠들었다. 나는 무슨 일로 이렇게 죄를 얻었는지 이상하게 생각하면서 지키고 있었는데, 객사의 여주인이 돈을 2관문 정도 가지고 가서 죄를 용서해 줄 것을 청하자 관인은 바로 얼굴이 부드러워져, 주인의 묶인 것을 풀어주고 돈을 지고 가버렸다. 나중에 내가 그 이유를 들으니 초계군수가 이곳을 지나갈 때 객사의 주인이 담뱃대를 입에 물고 있었던 것이 불손하다고 하여 이렇게 묶였던 것이라고 한다. 저 여주인이 관인에게 바친 1관문은 실로 뇌물인 것이다.

주인을 묶는 일 연극의 값이 겨우 1관문, 한인은 모르는가. 우리나라의 배우 이치가와 단쥬로市川團十郎*는 하루 수백 엔을 가지고 노름한다는 것을.

---

* 가부키의 배우로 이치가와류市川流의 12대 종가이다.

조선의 옛 기물

어떤 사람이 조선 조정의 명망가 모에게 물어보기를, "당신의 나라가 국초부터 지금에 이르기까지 상하 4천년에, 이미 삼한 때와 같은 문운이 부흥하고, 미술 공예가 찬란하여 볼 만한 것이 많다. 폐방(일본)의 상고 시대 문화의 원천은 대부분 그 밑바탕을 당신 나라에게 의지했다. 그 사이의 옛 그릇의 정교한 물건으로서 지금도 현존하는 것이 반드시 많을 것이다. 마음대로 볼 수 있는가."

모가 쓴 웃음을 지으며 말하기를, "듣기에 당신 나라(일본)의 수도에 박물관이란 것이 있고, 동서고금의 진기한 보물을 망라하여 수집하지 않은 것이 없다고 하니, 청컨대 그곳을 방문하라. 폐방(조선)의 옛 그릇과 유물이 없는 것이 없지 않겠는가. 대개 분로쿠의 정한역(임진왜란)에 일본군이 팔도를 유린하고, 진기한 물건을 모두 약탈한 것이다."

모의 말은 깊게 이것을 원망하는 것이었다.

조선 내지의 강에는 대개 교량이 없다. 배로 건너가서 여객에게 편리를 주는 것은 매우 드물다. 그러므로 다리도 배도 없는 강을 만나면 나체가 되어 헤엄쳐가지 않을 수 없다. 여름철 강우 때에는 개울의 물도 일시 증가하여 오오이가와大井川*는 아니지만, 여행객은 강을 건너지 못할 때가 종종 있다. 겨울에 이르면 대개 흙다리를 만들거나 결빙하기 때문에 여행하기 쉽다.

선착장의 뱃사공들이 다른 지방의 여행객을 보면 무법의 뱃삯을 탐하여, 왕왕 우리 여행하는 자로 하여금 분노케 한다. 한인이 탐내는 사소한 금전을 아끼는 것은 아니지만 한전이 휴대에 불편하기 때문에 여행자는 앞으로의 여정을 헤아려 가능한 한 여분의 휴대를 피하려고 한다. 때문에 여행 중에는 일전이라도 아끼지 않을 수 없다. 전에 상주 낙동강의 선착장에 이르렀을 때, 뱃사공이 나를 깔보고 무법의 뱃삯을 청구한 적이 있다. 내가 그 무법을 꾸짖어도 그들은 막무가내로 움직이지 않았다. 나는 크게 화가나 옷을 벗어 머리 위에 묶고 당장 강에 뛰어들어 수영하여 건널 자세를 취했다. 그러자 그들은 내가 빠질 것이 두려워 당황하며 나를 어르고 사죄했다. 그리고 일전도 받지 않고 배를 저어 건너편으로 건네주었다. 만약 내가 익사하면 그 죄를 면할 수 없었기 때문이다. 나는 원래 수영의 기술을 모르지만, 허세로 그들의 간담을 서늘하게 했다. 자못 우스운 일이다.

----

* 시즈오카 현 중부에 있는 하천으로, 에도시대에 이곳이 동해도의 요소로 가교架橋나 도선渡船을 금지하여 걷거나 가마로 강을 건넜다.

약
행
상

　　우리나라의 서생으로 조선의 내지를 두루 돌아다니려
고 하는 자, 대부분은 약품을 지고, 의사 또는 약상이라
고 하여 공공연히 병을 진찰하고 약을 준다. 그들은 여기
저기 다니며 여비를 벌어서 떠난다. 이것은 어쩔 수 없는
것이다. 한전은 무거워서, 천리를 다니는데 휴대하기 곤란한 것
은 말할 것도 없다. 그래서 이익을 얻으려면 급하다. 뱀에 물린
독에 만금단萬金丹을 바르고, 고환염睾丸炎에 해열제를 준다. 이역
만리의 여행, 일시의 부끄러움은 본래 마음먹은 데 있다고 하는
여행자가 해마다 많아지기 때문에 부산에서 경성에 이르는 통로
와 같은 데는 상인을 보고 의사가 아닌가 의심하는 자가 많다. 우
리나라의 의사는 이 지방에 신용 없는 것이 날로 심해진다.

　　송뇌자가 말하기를 함창현咸昌縣 이안촌利安村을 지나, 민가에서
여관의 유무를 물으니, 한인이 나의 말을 오해하여 이 마을에는
병자가 없다고 답한다.

　　저 나라의 촌락을 배회할 때는 다음과 같은 가옥을 본다. 이것
은 약국이다. "신농유업神農遺業", "박시제중博施濟衆" 등이라고 써
놓는 것은 귀엽다.

● 시골의 약국

여행자의 휴대품

내지를 여행하려는 사람을 위하여 휴대해야 할 물품을 제시한다.

모포, 어깨에 메는 가방, 수첩, 연필, 키니네(물이 나쁘기 때문에 이창열泥瘡熱에 걸리기 쉽다), 은화 약간(이것은 만일을 위해서이다. 1원에 한전 8백문 정도로 교환할 수 있다), 호신용기구(권총이나 도검), 수건, 치약, 비누, 소금.

다만 귀족적 여행자를 위해서가 아니다.

의복은 일본복도 괜찮고, 서양복도 괜찮다. 다만 내지인의 신용을 얻기 위해서는 서양복이 편리하다.

조선의 땅을 밟지 않은 사람은 조선에도 우리나라와 같은 요리점, 여관이라는 것이 있다고 생각한다. 조선의 요리점도 여관도 이름뿐이고, 없다고 해도 거의 틀린 말은 아니다. 그 요리점이라고 하는 것은 주막이라고 부른다. 문의 기둥에는 "莫惜床頭沽酒錢(술상머리 술값을 아끼지 말라)" 등이라고 쓴 모양은 매우 고상하지만, 따로 손님방(잔치좌석)이라는 것이 없다. 사람의 눈을 피해가는 사람이, 마부 가마꾼과 함께 한 방에 앉고, 술을 마시고 고기를 먹는 것이다. 술안주라야 명태, 돼지고기, 절인야채 등에 그쳐서, 겨우 취하고 배고픔을 채울 뿐이다.

여관이 체재가 없는 것은 말할 필요가 없다. 우리나라의 싸구려 여인숙木賃宿*에도 미치지 못한다. 여관은 음식 값을 받을 뿐이고 그 외에는 숙박료를 요구하지 않는다. 또 때에 따라서는 둥근 된장을 천정에 매달아 두는 집도 있어서, 그 냄새가 매우 심하여, 집안에 들어가면 곧 이상한 냄새가 코를 찌른다. 두통이 일어날 때도 있다. 또 조선 사람은 담배를 좋아해서 여관의 실내에 연초 연기가 자욱하다. 참을 수 없을 지경이 되어도 문을 열어 환기시키려 하지 않는다. 옆으로 누워 있는 자, 앉아 있는 자, 잠자는 자, 깨어 있는 자, 방귀를 뀌는 자, 이를 가는 자가 한방에 수십 인 여기저기 흩어져서 누워 있다. 이 모양은 우리 여행객에게 오히려 야외에서 노숙하는 것이 낫다는 생각을 들게 할 정도이다. 조금의 결벽증이라도 있는 자는 잠시도 여기에 발을 들여놓을 수 없을 것이다.

---

* 숙박객이 자취를 하고 땔나무 값만 내는 여인숙.

촌락은 모두 물 마시기 편리한 곳에 있다. 찻집을 차리면 여행객이 들 만한 입지라도, 먹을 물이 없으면 인가가 없다. 날이 저물어 묵을 여관이 없어 고통스러운 적이 많다. 여행객은 모름지기 앞의 일정을 묻고 정하여 노숙의 불행을 당하지 말라.

시
가
의
불
결

　　불결은 조선의 '명물'이다. 경성은 말할 것도 없고, 팔도 가는 곳마다, 시가다운 시가를 볼 수가 없다. 우마의 인분은 주머니 안에 넘치고, 그 불결한 것은 말로 할 수가 없다. 시장의 중앙에는 공동변소를 설치했지만 그것은 다만 짚으로 지붕을 엮고, 거적으로 사방을 두른 조잡한 것이다. 그 분즙으로 개돼지를 길러, 사람이 들어가면 옆에서 기다렸다가 인분이 나오는 것을 기다리는 데에 이르러서는 거의 구토를 하게 된다.

　　음식물의 불결은 역시 이 나라의 특색이라 할 수 있는 것으로, 썩은 생선과 야채를 사용하는 것은 물론이고, 그 음식물을 조리하는 모양을 볼 때는 어떠한 호걸이라 해도 수저를 드는데 주저하지 않을 수 없다. 요리하는 자가 삶고 볶은 것을 간을 보는 데에 반드시 자기의 손을 갖고 한다. 젓가락 같은 것은 오랫동안 거의 씻은 일이 없고, 콧물을 닦은 손으로 바로 김치항아리를 젓는 등, 우리나라 사람이 도저히 상상할 수 없는 일이 벌어진다.

　　또 상등사회는 각별하지만, 중류 이하에 이르러서는 실내의 불결한 것을 필설로는 다 말할 수 없다. 벽은 누런 색으로 닿으면 의복이 더러워지고, 지붕 밑에 진흙을 바른 천정은 낮아서 하품을 하면 목이 지붕에 닿을 정도다. 넓은 방이라고 해도 우리나라의 6조*정도이며, 좁은 곳은 거의 1조(0.5평)에도 미치지 못한다. 객사에는 넓은 방이 있다고 해도, 그 구조는 장방형으로서 마치

* 일본식 다다미疊를 6장 붙여놓은 크기로 3평 정도를 말한다.

창을 들고 주인을 따라다니던 종자의 뒷간과 비슷하다. 뒷간의 문은 거의 우리나라의 다실에서 보는 쪽문과 같다. 앉아 있는 손님이 만일 가래를 뱉을 때는, 앉아 있던 멍석을 들고 그 아래에 뱉고, 콧물이 떨어질 때는 손을 비비고 바로 벽에 바른다. 그래도 전혀 불결하다고 생각하지 않는 것은 저들에게 별로 이상한 일이 아니다.

객사라고 해도 만사 이와 같다. 하루 밤의 생명과 재산의 안녕을 맡길 수 없다. 본시 몸을 덮는 이불도 없고, 옷만 입은 채 목침이라고 하는 둥근 나무토막에 머리를 얹고, 마음이 불안해도 겨우 잠들어 비와 이슬을 참고 견디어 낼 뿐이다. 외방인으로서 조선을 여행하는 자는 그 곤란을 이루 말할 수 없다. 특히 어느 객사에도 목욕탕이 없는 것은 더욱 여행자를 고통스럽게 한다. 여름은 빈대와 모기가 매우 많아서 지친 몸에도 잠을 자기 힘들고, 파리와 같은 것은 춘하추동 실내에 날아다니는 것이 많다. 쫓아 낼 기술도 없다. 그렇다고 선탑禪榻*을 찾아서 청풍에 누울 수 없는 것은, 이 이상 할 수 없는 어려움이다.

---

* 좌선하는데 쓰는 걸상.

길옆의 부뚜막

　　조선의 내지를 여행하는 사람은 반드시 길 옆에 돌을 쌓고 그 안에 불을 때서 그슬린 향기가 나는 작은 부뚜막을 볼 수 있다. 이것은 조선의 여행객이 스스로 밥을 지어서 식사를 한 흔적이다. 조선의 가난한 여행객은 흙으로 만든 작은 병을 지고 쌀을 사서 스스로 밥을 짓고, 되도록이면 여관에서 식사를 하지 않도록 노력한다.

순박한 풍조가 아니라 가난하기 때문이다.

좀도둑이 많은 것은 여행자가 항상 걱정하는 바이다. 삼오대三伍隊를 편성해서 길옆에 있으면서 여행객을 기다리고, 그들을 협박해서 허리에 찬 돈을 빼앗고, 또 인가를 위협해서 재물을 약탈한다. 좀도둑이 가장 많을 때는 겨울철이다. 그래도 좀도둑의 피해는 적어서 걱정할 바가 아니다. 무엇보다 한전이 무거워 아무리 많아도 지고 가는 것은 10관문에 지나지 않는다.

해적도 많다. 대개 해적은 저 좀도둑과 같이, 겨우 돈을 약탈하고 충분하다고 하는 자가 아니다. 그리고 그 도당은 매우 많다. 낮에는 어선 혹은 상선에 섞여서 다른 배의 동정을 살피고, 만약 재물이 많은 것을 엿보면 몰래 그 뒤를 쫓아가서 기회를 보고 그 배에 난입하여, 뱃사공을 묶고 승객을 위협하여 배 안의 화물을 모두 자기 배에 싣고 떠난다고 한다. 나는 일찍이 경성에 있는 우리나라 의사 이나가키稲垣씨에게 그의 조난 이야기를 들었다.

"내가 일찍이 황해도 해주를 여행할 때 여장을 갖추고 통역자를 동반하여 인천에서 조선배에 탔다. 월곶에 도착했을 즈음에는 이미 한 밤중을 지나 많은 승객은 모두 엎드려 잠을 자고, 뱃사공이 부르는 노래 소리뿐이었다. 그것은 배를 저어가는 키의 소리에 따라 조용하게 들렸다. 나는 이때 아직 홀로 잠들지 못하고 있었는데, 멀리 후방에서 탁한 소리가 높게 우리 배를 부르는 것이다. 뱃사공은 노를 그쳐야겠다고 생각했다. 부르는 소리가 높이

들리고, 이윽고 황해도에 가는 배라면 부탁할 것이 있으니 잠시 기다리라고 한다. 우리 배의 뱃사공은 별빛에 비추어 보자, 상선 이라고 하는 소리도 들린다. 부탁이란 무슨 일이냐고 묻는 사이 에 그 배는 빠르게 우리 배에 따라오는 것으로 보였다. 뱃사공은 한번 큰 소리로 도적이라고 소리친다. 나는 이때까지도 잠들지 못한 채로, 들리는 것도 없이 귀가 조용해졌다. 도적이라는 소리 를 듣고 매우 놀랐다. 큰일이 일어났다. 우리 배는 도적에게 습격 당한 것이다. 그러나 어떻게 해야 할지 두려워 헤매는 중에도, 무 서운 것을 보고 싶은 것이 사람의 심정이다. 나는 선실에서 머리 를 들고 상황을 엿보았다. 하얀 수건을 가지고 머리를 묶은 5명 의 해적은 각자 무기를 가지고 빠르게 우리 배에 옮겨 탔다. 오른 쪽으로 뛰고 왼쪽으로 뛰면서 닻을 끊고 노를 바다에 던져, 키를 부수는 등, 빠르게 움직이는 것이 마치 질풍이 수목을 넘어뜨리 고 번개가 머리 위에 번쩍이는 것과 비슷하다. 배에 탄 사람들도 이 소리에 놀라서, 누가 깨우지 않아도 모두 일어났다. 그런데 해 적이라고 듣고 놀라서, 머리를 움츠리고 선실에 몰래 있을 뿐이 었다. 도적은 뱃사공을 향해서 객실이 어디냐고 소리 높여 질문 한다. 뱃사공은 주뼛주뼛 우리들이 있는 곳으로 안내한다. 그곳 은 우리 몸의 윗부분이다. 또한 새삼스럽게 무서워졌다. 나는 구 석 쪽으로 숨었다. 도적들은 바로 들어오지 않고, 배의 널빤지를 모아 와서, 출입구를 막고, 위에 무슨 무거운 물건을 5, 6개 놓았 다. 우리들 선실에 있는 자는 모두 주머니 속의 쥐 신세가 되었다. 죽이거나 살리는 것도, 도적들의 마음 하나에 달려있다. 이렇게 도적들은 이 틈에 우리 배에서 물건을 모두 자기 배로 던져 옮기고 있었다. 얼마 후 다시 선실 위에 모이는 것이 보였다. 발소리가 바쁘게 들리고, 바로 출입구가 열렸다. 재앙은 드디어 몸 위에 가까이 다가왔다. 한 사람의 도적이 선실 아래로 내려오고, 다른 4명의 도적은 화승포, 혹은 창 등을 가지고, 출입구 주위를 지켰다. 들어온 도적은 우리들의 허리에 있는 전대를 하나하나 빼앗았다. 사람들은 두려워 떨며 목숨만을 청할 뿐이었다. 이렇게 도적은 수하물을 수색하기 시작하여 드디어 내가 약품과 기계 등을 넣은 지나 가방을 열고, 이것이 무슨 물건이냐고 물었다. 내가 데리고 간 통역자는 내가 말하는 것을 기다리지 않고, 일본인의 짐이라고 답했다. "뭐라고 일본인이 여기에 타고 있는가"라고 말했다. 도적은 일본인이라는 말을 듣고서 한층 더 용기를 냈다. 말할 것도 없이 나에게 화는 점점 가까워졌다. 그래도 선실에 있는 사람들은 모두 입을 다물고, 나를 일본인이라고 고하는 자가 한 사람도 없었다. 다행이었다. 나는 한복을 입고 있었기 때문에 도적은 내가 일본인이라는 것을 알 수 없었다. 도적은 사방을 흘깃 둘러보고 '일본인은 어디에 있는가. 그는 어디에 숨었는가 그는 반드시 은화를 가지고 있을 것이다. 빨리 여기서 끌어내라' 하고 떠들어대었다. 아, 도적은 일본인이라고 듣고, 그 은화를 빼앗으려고 분발하고 있었다. 도적은 급하게 추궁해도 하나의 나무그늘, 강의 흐름도 다른 생의 인연이라는 것을, 하물며 눈앞의 내

몸에 닥쳐온 화를 보면서 알게 된다. 나를 일본인이라고 고하는 무정한 사람은 없었다. 탑승자들은 모두 입을 다물고 나를 위험에서 구해주었다. 도적은 그치지 않고 하나하나 물건을 조사했다. 내가 휴대한 매실장아찌를 보고 뚜껑을 열어 유별나게 그 하나를 씹어보았다. 그는 이것이 '무슨 맛인가' 하고 바로 토해내고 얼굴을 찌푸렸다. 침을 뱉고 입을 오므렸다. 그는 눈에 띠는 물품 2, 3개를 가지고 선실을 뛰어나와 4명의 도적과 함께 날아가듯이 자기 배로 갈아탔다. 안개구름 흔적 같은 하얀 물결을 헤쳐 갔다. 도적이 매실장아찌에 놀란 것은 우습지만, 두려움에 마음을 빼앗겨 한 사람도 웃는 자가 없었다. 도적이 떠난 뒤를 보고 승객도 뱃사공도 겨우 안심의 숨을 토해냈을 때는 이젠 배 안에 물건의 그림자도 없었고, 사람들은 눈물과 함께 어떻게 처자를 먹여 살릴까, 어떻게 물건 주인에게 말을 할까 등을 푸념할 뿐이었다. 뱃사공은 힘을 합쳐 키도 노도 없는 배를 저어서 4, 5일을 걸려서 겨우 해주 부근에 도착했다."

　이것은 씨가 실제로 당한 것으로, 씨는 담화에 재주가 있다. 듣는 자로서 혹은 두려워서 머리카락이 솟고, 혹은 실소로 배를 움켜쥐게 된다. 다만 나는 지금 그 중 열의 하나라도 전할 능력이 없는 것이 유감이다.

● 허리를 굽히고 나오는 사람을 우리를 부순다고 생각하지 말아야 한다.
조선 가옥의 출입구는 모두 이와 같이 협소하다.

**새
옹
지
마**

경기도 안성의 양반 조병철曹秉轍은 나의 지인이다. 작년 봄 대과를 거쳐 1등으로 급제하고 조산대부朝散大夫*에 임명되어 성균관 출근을 명받았다. 지인들이 서로 만나 그를 축하했다. 며칠 지나서 또 명이 있어 말하기를, 그의 관직을 빼앗아 강원도 강릉에 유배 보낸다고 한다. 그 이유서에 이르기를, "너의 숙부가 일찍이 조지朝旨를 거슬러 천주교를 신봉하여 참형에 처해진 죄인이다. 그 추한 족속의 조카로 감히 과거의 시험장에 참석했으니 그 죄가 가볍지 않아 강릉에 유배 보낸다"고 했다. 인간 만사가 새옹의 말과 같아 어제의 기쁨이 오늘의 근심이다. 내가 다시 무엇을 말하리오. 다만 조씨가 청빈하여 관직을 받고서도 뇌물을 바쳐 장관에게 아첨할 여윳돈이 없는 것을 우려할 뿐.

---

* 문관 종4품의 품계를 말함

내가 처음으로 부산에 도항했을 때, 경성까지 육로로 가려고 생각하여 한전을 허리에 감았다. 조그만 짐을 어깨에 메고 거류지를 출발했을 때, 처음 도항하는 여행이라 아직 한어를 모르고 또 조선의 인정 풍속도 몰라 도중에 약간은 곤란한 지경에 이를 것이라고 처음부터 각오한바 있었다. 그래도 생각보다는 마음 편하게 3일째에 경상도의 관찰사 소재인 대구라는 곳에 도착하여, 남대문 옆에 있는 가장 형편없는 객사에 묵었다. 이 객사에 숙식하는 여행객은 나 외에 한 사람도 없었다. 나는 저녁을 먹고 나서 일기 등을 적고 조금 있다 11시경이 되었을 때, 집 안의 이야기 소리도 들리지 않게 되자 자리에 들었다. 그 때 내 방 문을 열고 객사의 주인이 들어왔다. 그는 나를 향해 무엇인가 말을 하는데 나는 조금도 한어를 못해서 무슨 말을 하는지 아무 것도 알 수가 없었다. 할 수 없이 문자를 써서 무슨 일인지 물었는데, 그는 글자를 모르는 것으로 보였다. 내가 쓴 것을 보려고 하지 않았다. 그 상황이 마치 귀머거리 농아가 서로 담화를 시도하는 것 같이 매우 이상했다. 그는 내가 한어에 통하지 않는 것을 알면서도, 아주 열심히 이야기했다. 나는 매우 곤란했지만 다시 어떻게 할 수 없었다. 그도 답답하게 생각했는지 마침내 손짓을 시작했다. 그는 엄지손가락과 집게손가락을 연결하고, 그리고 손바닥을 펴서 나에게 보였다.

나는 그가 숙박비를 청구하는 것이라고 생각했다. 곧 허리에서 찾아서 40문을 던져주었다. 그는 그것을 보려고 하지 않고 다시 손으로 앞에서 한 것과 같이 생각했다. 나는 또 "이것으로는 부족한 것이다. 더 주기를 바라는 것이다"라고 생각했다. 그러나 40문을 던져주면 어느 객사에서도 만족할텐데, 이 집의 주인은 내가 혼자 숙박한 것을 보고 욕심이 일어나는구나 싶어서 마음속으로 생각하고 머리를 흔들고 손을 흔들어서 돈이 없다는 것을 보였다. 그러나 주인은 매우 진지했다. 결국은 나의 얼굴을 눈 여겨 보고, 손을 펴서 바로 나의 허리를 더듬으며 허리에 찬 전대를 가리키고 또 손을 내밀며 그것을 내놓으라고 강요했다. 나는 크게 놀랐다. 그는 나의 노자를 남김없이 빼앗으려고 하는 것이다. 지금 그의 뜻에 따르면 내일부터 어떻게 여비를 마련할 것인가. 그의 뜻에 거스르면 혹은 그에게 해칠 마음이 없는 것을 보장할 수 없는 것이다. 아, 이것이 무슨 악연인가. 돈은 매우 아깝지만, 생명도 돌보지 않으면 안된다. 무슨 일이든 생명이 있은 뒤의 일이다. 만일에 돈을 건네주지 않아서 무슨 일이 생길까봐 나는 겨우 결심하고 힘없이 전대를 풀어서 모두 그에게 주었더니, 주인은 흔쾌히 묵례를 한번하고 돈을 갖고 나갔다.

나는 원망스럽게 그의 뒤 그림자를 보면서 깊은 탄식을 했다. 아아, 나는 그에게 모든 여비를 빼앗겼다. 이역만리의 여행길, 어떻게 해서 내일을 지낼 것인가. 이 집의 주인은 실로 무서운 도적이다. 나를 타향의 외로운 손님으로 깔보고 끝없는 욕심을 냈다. 내가 그냥 여기에 있으면 다시 와서 나의 짐을 빼앗을지도 모른다. 천금의 몸도 어이없이 그 때문에 해를 당할지도 모른다. 여러 가지 상상이 가슴에 떠올라서 얼음 위에 앉아 있는 기분이었다. 할 수 없다, 운은 하늘에 있다. 어두운 밤에 길을 찾아서 여기를 벗어나도 방위도 모르면서 어디를 향해 도망할 것인가. 나가서 살 수가 없으면 오히려 죽음을 각오하고 여기에 있는 것이 낫다. 그는 다만 돈을 얻을 욕심뿐, 모두 그에게 주면 그가 어찌 나의 생명을 빼앗을 것인가. 이렇게 마음을 먹으니 그다지 무섭지 않았다. 침착하게 잠이 들었다.

　다음날, 동방이 밝는 것도 모르고 있다가 머리맡에서 사람소리가 나 놀라서 눈을 떴다. 사오 명의 한인이 나와 이야기를 하려고 옆에서 내가 잠이 깨기를 기다리고 있었다. 나는 매우 기분이 안 좋았지만 물어보는 대로 대답을 했다. 또 앞의 일을 묻거나 하면서 겨우 필담으로 시간을 보내는데 객사의 주인이 아침을 갖고 왔다. 무서웠다. 지난 밤 사람들이 고요히 잠든 뒤, 나를 위협해서 여비를 빼앗은 자가 무슨 생각에서 나에게 아침밥을 주는지, 이른바 크게 빼앗고 적게 주는 것일까? 나는 마음에 의심이 없는 것은 아니지만 충분하게 먹고 나서 막상 가려고 할 때에 주인은 지난밤의 돈을 가지고 와서 내 앞에 두었다. 지금에야 비로소 알 수 있었다. 주인은 내가 돈을 허리에 차고 자는 것이 위험하다고 생각하여 나를 위해 일부러 이것을 맡아두었던 것이다. 아아, 나는 의심 도깨비를 만든 것이다. 그는 지난 밤 너무나 진지했다. 그러나 이방인을 꺼리는 나는 싸우면서까지 그가 이렇게까지 친

절한 것을 알 수가 없었던 것이다.

대구를 지나기를 20리쯤에서 유곡幽谷역에 들어가는 도중, 길 옆에 세워진 목패에,

대도 정모鄭某를 죽이는 자, 상금 일백 냥

이라고 크게 쓰여 있었다. 나는 매우 놀랐다. 관아가 이런 큰돈을 걸고 잡으려고 하는 대도가 이 주변을 배회하는가, 나중에 사람들에게 들으니 일백 냥이란 당오전 10관문으로 거의 우리나라의 3엔 정도이다. 때때로 이런 혼란에 빠져서 간을 녹였다.

부산 거류지의 중앙에 노송이 울창한 산이 있다. 귀두산龜頭山이라고 부른다. 거류지인들이 산책하는 곳이다. 영사의 명령으로 이 산에서 총으로 수렵하는 것이 금지되었다. 어느 날 거류지인 모가 산위를 걸으며 총영사 무로다 요시후미室田義文가 공기총을 가지고 작은 새를 잡는 것을 만났다. 그는 이를 힐책하여, "영사가 스스로 금령을 범하는가"라고 말했다. 무로다씨는 엷은 미소를 지으며, "내가 어찌 금령을 어기겠는가. 이것은 나쁜 새惡鳥를 퇴치하는 것이다"라고 했다. 모 역시 껄껄 웃으며 갔다.

나쁜 새 퇴치

8부

잡조雜俎 : 기타 자잘한 정탐 내용들

朝鮮雜記

합천군의 해인사는 경상도의 고찰이다. 대장경 12동棟이 있다. 또 요시쓰네義經와 벤케이辨慶가 고죠五條의 다리에서 만난 그림* 을 소장하고 있다. 언제 누구로부터 전해진 것인지 알 수 없다.

일본의 그릇이 조선에 들어가서 그 쓰임새를 달리하는 것이 많다. 예를 들면 물을 끓이는 주전자를 술잔으로 하고 우산을 양산으로 사용하며, 찻잔을 소주잔으로, 밥그릇을 찻잔으로 하는 종류이다.

승려는 경성의 문 안으로 들어갈 수 없다. 만일 들어갈 때는 엄벌에 처한다. 이것은 임진 역 때 일본 병을 인도해서 경성에 들어간 것이 승려였기 때문이라고 한다.

---

* 벤케이가 미나모토노 요시쓰네源義經를 교토의 가모가와鴨川에 있는 고죠五條의 다리에서 만난 이래, 그를 끝까지 모셨다는 전설을 그린 그림을 말함.

경성의 남산(일명 목멱산이라고 한다)의 녹라동이라는 곳에, 가토 기요마사가 진을 친 유적이 있다. 한인은 지금 이것을 왜성이라고 한다.

죽산부 읍의 옆에 고니시 유키나가가 쌓은 성의 흔적이 있다. 산위에 정방형의 큰 돌이 있다. 정한의 전쟁에 병사의 무료함을 고민하여, 장난으로 새겼다고 한다. 한인은 이상한 물건을 보면 임진 때에 일본인이 만든 것이라고 부르짖지만, 하나도 믿을 수 없다.

양산의 영동원에서 원동을 향해 3리를 걸으면, 큰 도끼로 깍은 것 같은 천 길 돌 벽의 산 중턱에 한 작은 원형으로 깊이 1척, 직경 3척 정도가 되는 것이 있다. 옛날 여기에 황금불상 무게 백 근 정도가 되는 것을 안치했는데, 임진 역 때 일본인에게 약탈당했다고 전해온다. 믿을 수 없다.

김해 수로왕의 비 허씨는 인도인이다. 일찍이 바다를 항해하여 이 땅에 도착했을 때, 닻으로 삼기위해 가지고 온 석탑의 남은 조각이, 지금 능 앞에 보존되어 있다. 진위를 알 수 없지만 자못 기이하여 수천 년 전의 유물처럼 보인다.

도후豆腐를 조선에서도 두부라고 하고, 소주를 소추라고 하는

데, 이 두 가지는 모두 조선에서 도래했다.

역병을 쫓기 위해서 마을 변두리에 금줄을 친다. 우리나라와 비슷한 풍속이다.

함경, 평안, 강원 3도에서 자주 흙속에서 석부, 석촉을 파내고 있다. 내가 일찍이 파낸 석촉이라고 하는 것을 보았는데, 우리나라에서 보는 것과 다르지 않다.

경성의 흠차공서 옆에 커다란 은행나무가 있다. 정말로 수백 년 이전의 것이다. 정한의 역에서 고니시 유키나가가 일찍이 말을 매었던 나무라고 한다.

조선의 말은 작아서, 쓰시마의 말과 비슷하다. 소는 매우 비대해서 서양의 젖소에 지지 않는다.

조선은 국모國帽, 국복, 복색이 모두 일정한 나라이고, 우리나라와 같이 유행이라고 하는 것이 없다. 만사 보수주의이다.

평안도 대동강의 배는 목면으로 만든 돛이다. 다른 것은 모두 왕골로 만든 돛을 볼 뿐이다.

조선 사람은 대개 두 번 식사한다. 여름은 해가 길기 때문에 상류 사회에서는 세 번 식사한다.

참외, 수박이 익었을 때는 쌀 시세가 떨어지고, 우리나라의 과자가게를 직업으로 하는 사람은, 거의 폐점에 이를 지경이다. 이것은 한인이 좋아하는 참외, 수박만을 먹기 때문이다. 도로의 배설물에는 참외씨가 넘쳐 색이 파랗다.

동음자차桐蔭煮茶 등은 시詩에는 보이는데, 팔도 중에서 차를 산출하는 땅이 없다. 모두 우리나라와 지나에서 수출하는 것이다.

역병에 걸린 소는 감히 죽이지 않는다. 인가에서 떨어진 하반河畔에 데리고 가서 생사를 하늘에 맡겨둔다. 덧없이 만일의 요행을 바랄 뿐이다.

조선에는 육포라는 것이 있다. 소고기를 얇게 잘라서 말린 것으로, 행군용, 여행용으로 휴대하기 편리하다.

조선 사람은 우리나라 사람이 사람에 대해서 예의를 베풀 때에 모자를 벗는 것을 두고 웃는다. 도리어 모자를 쓴 채 거만하게 있는 것을 좋아한다.

여러 사람이 앉아 있는 가운데, 이를 비틀거나 혹은 방귀를 뀌는 것도, 조선 사람은 결코 무례하다고 생각하지 않는다. 천한 습속이다.

초는 밀랍 혹은 소기름을 가지고 만든다. 옻나무는 조선에 없다. 그러므로 옻나무초가 없다.

경상도 유곡을 지나, 문경에 이르는 길 위에, 산세가 험하고 새가 아니면 통과할 수 없는 좁은 길이 겨우 지나갈 수 있는 곳이 있다. 작년 전부터 이곳에 성곽을 경영했는데, 요즈음 점점 완성되었다. 이름하여 노고성이라고 한다. 아마도 일본과 일이 있을 때를 대비하는 것이라고 한다. 아아 한인이 사정에 둔하여, 병기가 날로 진보하는 것을 알지 못하니 참으로 불쌍하다. 한 발의 야전포가 이 성곽을 능히 무너뜨린다는 것을 모르는가.

한인은 우리나라의 부녀가 다홍치마를 바람에 날리며 하얀 정강이를 드러내는 것을 보고 웃는다. 우리나라 사람은 조선의 부녀가 유방을 일광에 드러내놓고 걷는 것을 보고 웃는다.

내지의 산은 대개 벌거숭이산이므로, 땔나무 숲을 잘라낼 수도 없다. 겨우 풀을 베러 와서, 취사용을 구별할 뿐, 화로에 쓸 숯이라도 있으면, 타고 있는 풀이 아직 불기가 있는 것을 화로에 넣어 그 위에 돌을 얹어 불이 꺼지는 것을 막는다.

새, 꿩, 까치는 매우 많다. 꿩은 그 모양이 새와 비슷하고 작다. 배 부분의 깃털은 회백색이다. 성조聲鳥와 다르지 않다.

조선 사람은 집을 임대하는 증서에 날인하는 것이 드물다. 또 인장을 소유한 자도 적다. 대부분은 서판을 사용한다. 서판은 옛날 우리나라에서 사용한 것과 거의 같다. 또 때로는 ◉ 표시와 같은 서판을 하는 것도 있다.

조선에는 염직물 가게가 없다. 염분染粉을 사서 자기 집에서 면백을 염색하고 의복을 만든다. 5, 6년 전까지는 우리나라에서 염분을 수출해 크게 이익이 있었는데, 요즈음은 지나에서 수출한다. 염분의 싼 값에 압도되어 버렸다.

작년 가와카미川上操六 중장이 조선에 와서 관광한 다음에 어느 사람에게 말하기를, 조선에 어울리지 않는 것이 3가지가 있다. 하나는 국왕이 현명해서 구미의 여러 제왕 사이에 서도 부끄러워하지 않는 것, 둘은 경성 사방의 풍광이 아름다운 것, 셋은 조선인의 의관이 한아閑雅한 것.

양반의 행렬은 종자의 다과에 따라 귀천의 표준이 되는 풍습이 있어, 대신 등이 외출할 때는 타는 가마를 6명에게 들게 하고, 전후를 종자 수십 인이 수호하게 한다. 검을 붙인 철포를 어깨에 멘자, 신발을 가진 자, 오강을 진 자, 하인이 있고, 병사가 있으며, 복장도 하나가 아니다. 이구동성으로 '이치로-'라고 사람을 물리며 가는 모습은 우리나라 봉건시대에서 제후의 행렬을 상기시킨다. 또 '이리어'라고 불러 사람을 물리치고 가는 자도 있다. 이것은 '이치로'보다 품이 낮은 관인이다.

승려가 사람을 대할 때는 허리를 숙이고 합장하는 것을 예로한다.

조선에서는 역驛의 길옆에 심은 것의 대부분은 수양버들이다. 우리나라에서는 대부분 소나무이다. 소나무가 우거져서, 하늘에 배알하는 용이나 뱀과 같다. 수양버들이 우거져서 아양을 떠는 부녀와 비슷하다. 이것도 조선과 우리의 풍습이 다른 것이다.

조선에는 원숭이가 없다. 소매상인(야시, 香具師)이 원숭이를 데리고 팔도를 돌아다니는 것이 크게 이윤을 얻을 수 있다고 한다.

낙동강을 거슬러 밀양부에 도달하는 길에, 한 관문이 있는데 작원관鵲院關이라고 한다. 일찍이 프랑스 정부와 틈이 벌어졌을 때, 이것을 세웠다고 한다. 관 앞에 한 주점이 있다. 술안주는 반드시 농어를 사용하는데, 술맛도 좋아서 지나가는 사람이 반드시 한잔을 기울인다.

경상, 전라, 충청, 경기 4도의 여관에는 손님에게 대부분 콩밥을 제공한다. 다른 4도에서는 조밥으로 한다.

경성의 대도를 왕복하는데 일본공사는 통상의 가마를 타고 겨우 순사 1명이 따라갈 뿐이다. 지나의 흠차는 말위에서 유유히 안장에 앉아, 앞뒤로 호위하는 기사 수 십 인을 데리고 간다. 한인이 평해서 말하기를, "일본은 지나보다도 소국이고, 빈국이며, 약국이라"고 한다.

한인은 왕궁에 있는 광화문의 납작한 돌을 가리키고 나에게 말하기를, "귀국에도 이렇게 큰 돌이 있는가" 한인의 고루함은 우습다. 나는 그것 때문에 어이가 없었다.

내지를 여행하여 대구를 지났다. 병사가 와서 나에게 말하기를, "만약 화약이 있다면 나누어 달라" 이에 생각해보니, 대구의 병영에 병사가 6백 명, 총기가 이에 적합하다. 그러나 저들은 탄약을 가지고 있지 않다.

우리나라 내지에서 쓰시마를 거쳐, 전라 · 경상 양도의 해안에 물품을 밀수출하면, 크게 이익이 있다고 한다. 물품은 석유, 금건, 비단, 우산, 비누, 제등, 붓, 묵, 종이, 도기, 램프, 냄비종류, 기타 잡화 일체.

조선에서는 상류인사가 아니면 신발을 신지 못한다. 대개는 짚신을 신는다.

경성의 양반, 부유한 자는 서양등 혹은 서양촛대를 사용하지만, 대개 손에 드는 램프, 혹은 소 돼지의 기름을 태워서 밝히는 것이다. 그러므로 실내가 그을려서 자못 건강을 해친다.

팔도의 가는 곳마다 높은 산의 정상에는 봉화대가 있다. 만약 무슨 일이 있는 날에는 불을 피워서 경계를 알린다.

조선의 연초는 평안도의 평양 시장에 올라오는 것이 최상품이다. 황해도 곡산의 연초는 그 다음이다. 상등인은 잘게 썬 연초를 피우지만, 대개 막대기 연초를 피운다. 또 카메오 혹은 빈헷 등의 서양연초를 피우는 자도 있다. 경성의 소매 시세는 카메오 10개들이가 10전, 빈헷은 6전이다.

조선 사람의 안경은 테를 자라의 등딱지로 만든 것으로, 우리나라의 옛날 안경과 같다. 도대체 한인은 만사 인색한데도 불구하고 안경에는 비교적 많은 돈을 투자하는 것은 불가사의한 풍속이라고 할 만하다. 내지에서는 우리나라 사람의 안경이 작은 것을 웃는 자가 많다.

조선 사람은 머리에 말 털로 만든 망건이라는 것을 둘러서 귀밑머리가 흐트러지는 것을 막는다. 만일 머리카락이 망건에서 나올 때는 작은 거울을 보고, 소뿔로 만든 주걱으로 문질러 붙인다. 그러므로 한인은 주머니 안에 반드시 거울과 주걱을 넣어두고, 허리에 차고 잠깐사이라도 이것을 놓지 않는다.

우리나라의 말로 팔도의 한인에게 알려진 것이 있다. 즉 오카미상*, 야브레**, 츤보*** 따위의 말이다

경성의 안국동은 골동품 가게가 많은 동네이다. 그래도 조선의 골동품은 볼만한 것이 적다. 또 절반은 우리나라의 제조품이다.

내지에 도착하여 큰 기와집을 보면 모두 관청이라고 보는 것은 크게 잘못이다. 일반인의 집은 통상 짚을 엮어서 대개 1년에 1번 엮는 것을 바꾸는 풍속이다.

---

* おかみ(女將)さん:요릿집이나 여관 등의 여주인
** やぶ(破)れ:깨짐
*** つんぼ(聾):귀머거리

조선에는 연극이나 만담 등이 없다. 줄타기만 있다. 우리나라의 것과 같다.

경성의 우리 거류지에 간악한 상인이 있다. 평안도의 감사 민씨를 속이고, 주전의 원료로서 선철銑鐵을 사서 그 관리를 가장하여 기사라고 했다. 평양 가는 곳마다 감사의 눈앞에서 선철로 주조하는 돈을 구리 물속에 담구고, 이것을 꺼내어 이렇게 말했다.

"선철은 다량의 구리 성분을 포함하고 있기 때문에 이 물약 중에 던지면 내부의 구리 성분이 모두 표면에 나타난다. 이렇게 외형은 구리와 다를 바 없다."

이 사기술은 사정이 있어서 결국 이루어지지 않았지만, 감사는 지금도 그가 속은 것을 모른다. 아아, 한인은 한 패가 되기 쉬운 동물이다.

일본은 19세기 조선을 어떻게 인식했을까

■ 해제 (최혜주)

『조선잡기朝鮮雜記』는 여수거사如囚居士가 지은 조선견문기로 단편 154편에서 의식주, 관혼상제, 양반과 상민, 관리, 여행 중의 에피소드 등에 관한 조선의 풍습 및 일상생활을 다루었다. 저자 여수거사에 대해서는 『이륙신보二六新報』의 주필인 스즈키 덴간(鈴木天眼, 1867~1926)이거나, 혼마 규스케(本間九介, 1869~1919)라는 설이 있다. 이것은 1931년에 간행된 『조선통치신론』(阿部薰)에 의하면 『조선잡기』 본문 중에 저자가 동학교도 서병학을 만났을 때 "나는 수염을 기르고 있고, 양복을 입고 안경을 쓰고 있다"고 말한 것을 보고 추정한 것이다. 그러나 필자의 조사에 의하면 여수거사는 혼마 규스케이고, 혼마는 아다치 규로安達九郎라는 이름도 사용했다. 그는 후쿠시마福島 현의 니혼마쓰二本松 시 출신으로 『이륙신보』 특파원, 천우협天佑俠, 흑룡회黑龍會 회원으로 활동하고 통감부와 총독부가 설치된 뒤에는 관리가 되었다. 혼마가 처음 조선에 온 것은 1893년 조선사정을 조사하기 위해서였다 그는 부산

에 머물고, 경성, 중부지방을 정탐하고 매약 행상을 하며 황해도
와 경기도 충청도 지방을 여행했다. 그 후 도쿄에 돌아가 1894년
4월 17일부터 6월 16일자까지 여행담과 조선의 사정을 『이륙신
보』에 「조선잡기」라는 제목으로 연재하고, 그것을 한권으로 묶어
7월 1일 간행했다.

　『조선잡기』 속에 드러나는 조선, 조선인의 주된 이미지는 순진
함, 무사태평과 함께 불결, 나태, 부패 등이다. '문명국' 일본에서
바라보는 '타자의 시선'이 생생하게 나타나 있다. 이 자료는 일본
인이 개항 이후 1890년대 전후에 걸쳐 간행한 견문기[1]나 서양인
의 여행기 등에 비해 조선의 풍습과 일상생활을 민중들의 삶의
모습을 통해 본격적으로 세밀하게 다루었다는데 사료적 가치가
있다. 또한 이 자료는 일본의 조선에 대한 관심이 고조되는 청일
전쟁(1894) 발발과 함께 간행되어 1930년대에도 중요 자료로 소개
될 정도로, 일본인의 조선 이미지 형성에 적지 않은 역할을 한 것
으로 보인다. 따라서 필자는 이 자료를 완역하여 소개한다. 이 자
료의 내용에 대한 이해를 돕기 위해 먼저 근대 일본인의 조선관
의 형성과정을 개략적으로 검토하고, 혼마 규스케의 내한활동과
『조선잡기』에 나타난 조선인식으로 나누어 살펴본다.

---

1) 예를 들면, 染崎延房, 『朝鮮事情』, 1874: 佐田白茅, 『朝鮮聞見錄』, 1875: 鈴木信仁, 『朝鮮記
聞』, 1885, 博文館: 小尾直藏, 『朝鮮京城奇談』, 1885: 小田切萬書之助, 『朝鮮』, 1890: 松原岩五
郎, 『征塵余錄』, 1896, 民友社: 小川隆三, 『渡韓見聞錄』, 1901, 靜岡民友新聞社: 沖田錦城, 『裏
面の韓國』, 1905: 圓城寺清, 『韓國の實情』, 1906, 樂世社: 上村賣劍, 『渡韓遊踪』, 1906, 東京堂:
薄田斬雲, 『暗黑なる朝鮮』, 1908, 日韓書房: 薄田斬雲, 『ヨボ記』, 1908, 日韓書房,: 佐村八郎,
『渡韓のすすめ』, 1909, 樂世社

1. 근대 일본인의 조선관의 형성

일본에서의 조선사 연구는 일본의 현실적 요구에 부응하여 메이지 시대(1868~1912)부터 활발해졌지만, 조선에 대한 일본의 우월한 지위를 강력하게 주장한 것은 그 이전 에도 시대(1603~1867) 일본의 고전을 연구하는 국학자였다. 처음에 에도 시대의 조선 연구는 하야시 라잔(林羅山, 1583~1657), 후지와라 세이카(藤原惺窩, 1561~1619), 야마자키 안사이(山崎闇齋, 1619~1682)와 같은 한학자들의 조선 주자학에 대한 관심에서 비롯되었다. 그러나 국학자들은 한학자들이 중국이나 조선의 학문을 존중하는 것을 비판하고, 『고사기古事記』, 『일본서기日本書紀』의 우수성을 강조하여 신국神國 일본의 모습을 그려냈다. 국학자들은 상고시대 일본은 신이나 천황이 조선을 지배하고, 일본의 신이 조선의 신이나 왕이 되었으며, 조선의 왕이나 귀족이 일본에 복속하였다고 주장했다.

이러한 조선관은 막부幕府 말기부터 일어나는 정한론征韓論의 논거가 되었으며, 후대에 영향을 미쳐 메이지 시대 이후 한국 강제병합과 일본의 한국지배를 합리화하는 유력한 지배이념이 되었던 일선동조론日鮮同祖論을 낳게 했다. 나아가 조선과 일본은 문화적·혈통적으로 공동운명체라는 동문동조론同文同祖論을 형성하게 되었다. 그리하여 한국침략의 필요성에서 일본의 주도권을 전제로 하여 고대의 한일관계를 서술한 『계몽조선사략啓蒙朝鮮史略』(1875), 『조선지략朝鮮誌略』(1875), 『조선신론朝鮮新論』(1876), 『조선기

문朝鮮紀聞』(1885) 등이 간행되었다.

　근대 일본의 조선 역사에 대한 관심은 1883년 광개토왕 비문의 조사와 함께 일어나게 되었는데, 그들은 조선이 근대 이전 신화시대부터 일본의 지배를 받아왔다고 주장해 왔다. 이 주장은 근대적 학문방법으로 위장하여 조선사를 더욱 왜곡하는 방향으로 발전했다. 1887년 도쿄제국대학에 사학과가 설치되고 1889년 국사과가 증설되면서 역사연구 체제가 정비되어 조선사에 대한 논문이 『사학잡지史學雜誌』를 통해 발표되기 시작했다. 이어서 1890년 일선동조론의 입장에서 일본과 조선과의 역사적 관계를 연구하여 『국사안國史眼』(重野安繹·久米邦武·星野恒)을 간행했다. 이 책은 메이지 유신으로 성립한 근대 일본이 국가로서의 정통성을 확립하기 위해 국사를 편찬하는 과정에서 만들어진 것이다. 특히 고대 한일관계사가 자세하기 때문에 일본의 조선 인식에 깊은 영향을 미쳐 나중까지 소학교와 중학교의 일본사 교과서의 저본이 되었다. 일본인의 조선관 형성은 물론 우리나라에 미친 영향에서 빼놓을 수 없는 중요한 저술이다.[2]

　이후 일본의 조선 역사에 대한 관심은 하야시 다이스케林泰輔의 『조선사』(1892), 요시다 도고吉田東伍의 『일한고사단日韓古史斷』(1893)으로 나타났다. 청일전쟁과 함께 일본이 조선에 대한 지배권을 강화하면서 고조되었으며, 고대 일본의 한반도 진출을 역사적으로 입증함으로써 조선 침략의 명분을 얻고자 했다. 그리하여 조

2) 졸고, 「메이지 시대의 한일관계 인식과 일선동조론」, 『한국민족운동사연구』 37, 2003, 12

선사 연구를 고대사와 정치, 군사적 내용을 위주로 진행하고, 침략을 본격화하면서 역사서술에 침략의도를 노골적으로 드러내게 되었다. 니시무라 유타카西村豊의 『조선사강朝鮮史綱』(1895), 기쿠치 겐죠菊池謙讓의 『조선왕국』(1896), 쓰네야 세이후쿠恒屋盛服의 『조선개화사』(1901), 시노부 준페이信夫淳平의 『한반도』(1901), 하야시 다이스케의 『조선근세사』(1901) 등이 간행되었다.

이러한 근대일본의 조선사 연구는 조선 침략을 합리화시키기 위한 통치 자료의 역할을 했다. 그들은 근대적인 학문방법을 가지고 『고사기』나 『일본서기』의 기록을 근거로 중국사나 『삼국사기』, 『삼국유사』, 『동국통감』 등에 실린 내용을 참고하여 자신들에게 유리한 쪽으로 역사적 사실을 합리화했다. 즉 구체적인 왜곡 내용은 다음과 같다. 1) 태고부터 양국은 상호 왕래했으며, 일본은 신화시대부터 조선보다 우위를 차지했다. 2) 일본 시조신의 동생인 스사노오노미코토素盞命尊는 조선의 지배자이다. 그리고 그가 아들을 데리고 머물렀다는 소시모리曾尸茂梨의 위치는 김해, 춘천, 경성 등이라는 설이 있다. 3) 양국은 동조 동종의 관계에 있다. 신라는 일본의 이즈모(出雲, 현재의 시마네 현)족이 세운 식민국가이다. 4) 이나히노미코토(稻飯命, 진부神武천황의 형)는 신라의 왕이 되었고, 그의 아들 아메노히보코天日槍는 일본에 귀화했다. 5) 진구神功황후가 삼한을 정복하고 임나일본부를 설치하여 남방일대는 일본에 복속되었다. 6) 삼국이 일본에 조공했다. 7) 도요토미 히데요시豊臣秀吉의 조선침략은 진구황후의 삼한정벌을 계승한 치

적이다. 8) 조선의 역사는 외세침략에 시달려온 독립불능의 역사
이다. 9) 조선은 지나支那의 속국이며, 조선의 역사는 지나 외사外
史에 불과하다는 것이다.

일본은 1904년 러일전쟁을 전후하여 조선의 사회경제사학 분
야에도 관심을 갖고 연구하기 시작했다. 일본에는 봉건제가 있어
서양처럼 자본주의 생산양식으로 이행할 수 있었으나 조선은 봉
건제도조차 성립되지 않은 단계이기 때문에 근대자본주의 사회
로 발전할 수 없었다는 식민사관의 하나인 정체성론停滯性論의 원
형이 만들어진 것이다. 러일전쟁에서 승리한 일본은 만주침략을
목표로 역사연구를 한층 가속화하기 위해서 1908년에 만선滿鮮지
리역사조사실을 설치하여 만주와 조선의 지리와 역사에 대한 조
사 연구에 착수했다. 이로써 일본의 근대 역사학은 대한제국 강
점 이전에 이미 침략정책을 뒷받침하는 국수적 황국사관皇國史觀
으로 확고하게 자리 잡았다. 이러한 일본의 조선관 형성에 있어
서 『조선잡기』의 간행이 미친 영향은 어떠했는지 살펴보는 것은
중요하다. 이를 위해 혼마 규스케의 내한 활동을 통해 살펴보기
로 한다.

2. 혼마 규스케의 내한과 정탐 활동

개항 이후 공사관과 영사관이 설치되고 일본인들이 내한하기 시작하면서, 임오군란과 갑신정변 이후에는 일본의 지사들이 대륙경영에 뜻을 품고 조선에 건너왔다. 1894년 갑오개혁 이후에는 일본인 고문들이 들어 와서 조선의 내정을 간섭하기 시작했다. 일본이 러일전쟁에 승리하고 나서는 많은 일본인들이 이주해와 여러 방면에서 활동하게 되었다. 일본군과 상인들, 일확천금을 노리는 무뢰배, 대아시아주의 실현을 위해 낭인浪人들이 들어왔다. 일본인들은 통감부나 총독부, 식민지 수탈기구의 관리가 되거나, 경제, 종교, 교육방면에서 활동하고 신문, 잡지를 경영하거나 통신원이 되어 정보원 역할을 했다. 이들 가운데 조선통으로 불리는 사람들은 조선 침략의 첨병역할을 했다. 그들은 조선을 식민지로 만들고 나아가 대륙침략의 교두보 마련을 위해 적극적으로 활동했다. 혼마도 그렇게 활동한 사람가운데 하나였다.

혼마 규스케는 『조선잡기』에서 1893년 봄 동학농민군이 봉기하자 일본 언론들이 조선의 인정, 풍속이나 사건 발생 등 전반적인 사정을 제대로 알지 못하면서 조선 문제를 언급하는 것을 개탄하여 직접 조선의 사정을 조사하기 위해 건너왔다고 밝히고 있다. 혼마에 대해서는 후쿠시마 출신이라는 것 외에는 그다지 알려진 것이 없으나, 『동아선각지사기전東亞先覺志士記傳』(1933, 흑룡회 편)과 강창일의 선구적 연구에 의해 그의 활동을 정리해 볼 수 있

다.[3] 『조선잡기』의 서문을 쓴 아키야마 데이스케秋山定輔는 이륙신
보사 사장인데, 혼마에 대해 "만권의 책을 읽은 사람"이라고 소
개하고 있다. 상당한 독서량을 갖고 있는 엘리트였을 것으로 짐
작된다. 그리고 혼마는 조선에 건너와 활동하다가 후술하는 천우
협도의 일원이 되고, 『이륙신보』의 기자가 되어 전국을 돌아다니
며 정보를 수집했다. 이때의 체험담을 일본의 신문·잡지에 투고
하거나 단행본으로 간행하여 조선 문제의 전문가로 자리 잡고 있
었다.

한편 『이륙신보』가 당시의 동학농민전쟁 및 청일전쟁을 어떻
게 취재하고 보도했는가에 관해서는 다음과 같이 『조선잡기』의
광고에 실린 것이 있어 참고가 된다.

인천 경성방면에서는 아키야마 데이스케가 있어 사건이 소용돌이
쳐 일어나는 중심점에 활을 두고 일청양국 군대의 동정 및 한정의 움
직임 등에 대해서 생생하고 민첩한 관찰보도를 한다. 부산 및 전란이
일어난 지방에는 아다치 규로(安達九郎＝혼마 규스케: 필자)가 있어 동지
여러 명과 함께 살아남기 어려운 위태로운 길에 출입하여 전쟁 상황
을 실제 정탐하여 생생하게 전한다. 원산에는 특별통신원이 있어 러
시아의 운동을 비롯해 동 지역의 모든 사건을 보도한다. 기발하고 놀
라우며, 정밀하고 자세한 통신은 이상의 각 방면에서 속속 우리 신문
지상에 모이고 있는데 더하여, 스즈키 덴간은 미리부터 부산 및 조선

3) 강창일, 『근대 일본의 조선침략과 대아시아주의』, 역사비평사, 2002

내지의 각처에 산재하고 금번의 사변에 대해서 우리 (이륙)신문사를 위해 힘쓰는 풍운적 인물 20여 명의 참모를 위해 이미 도한의 길에 있다. 만약 저 위기일발의 동양의 천지가 급박해진다면 위의 사원은 바로 포탄이 쏟아지는 사이를 날아가는 수고를 할 뿐 아니라, 나아가 여러 명의 새로운 인물을 계속해서 보낼 것이니, 우리 신문사가 이미 스스로 자랑하는 바이다. 다만 조선의 상황에 대해서 우리 사회의 중앙기상대가 되어 이를 통해서 경보를 사방에 전할 수 있다면 충분하다.

이 당시의 지사, 혹은 낭인들은 메이지 유신 후 권력에서 소외된 무사계급 가운데 대륙팽창의 주역이 되기 위해 조선과 대륙에 관심을 가지고 건너간 자들로, 단순한 정치브로커가 아닌 지식인들이 대부분이었다고 한다. 강창일의 연구에 의하면 종래의 이들에 대한 인식이 '정치깡패', '정치브로커' 등의 선입견 때문에 그들의 정치적 역량이나 영향력을 과소평가하여 무시하는 경향이 있었다고 지적한다. 그리고 그들은 재야정치인으로서 광범위한 네트워크를 형성하여 정치적 영향력을 행사하고 있었고, 또 국민여론의 형성을 주도하여 근대 일본의 대외정책을 선도해가기도 했다고 한다.

일본낭인이 조선에서 집단적으로 활동을 한 것은 크게 세 가지를 들 수 있다. 첫째, 1894년 동학농민전쟁이 발발했을 때 천우협이라는 무장단체를 조직하여 동학농민군에 대한 지원활동을 시

도했다, 둘째, 1895년 명성황후 시해사건에 가담했다. 셋째, 1901
년 흑룡회를 결성하여 대 러시아 전쟁론을 주장하고, 러일전쟁
이후에는 조선에서 일진회를 조종하면서 '한일합방'운동을 주도
했다.

이 낭인들의 활동을 살펴보면, 먼저 1893년 8월 부산의 아리마
有馬여관에서 모여 호구지책으로 법률사무소를 열 계획을 세운 것
이 그 시작이다. 그리하여 오자키 마사요시大崎正吉가 법률사무소
를 개설하자, 여기에 후쿠오카 출신의 다케다 노리유키武田範之,
시라미즈 겐키치白水健吉, 센다이의 치바 규노스케千葉久之助, 다니
가키 가이치谷垣嘉市, 치바의 구즈 슈스케葛生修亮 등이 모이고 혼마
도 참가하여 천우협도가 되었다. 이들이 조선에 모이게 된 계기
는 다음과 같다.

가나자와의 요시쿠라 오세이(吉倉汪聖, 도쿄법학교 출신)는 이들 보
다 앞서 조선 내지를 여행하다가 동상에 걸려 그 상처가 깊어지
자 도쿄로 돌아와 요양생활을 하게 된다. 그러다가 1892년 가을
에 동문 오자키 마사요시의 집을 방문하여 조선 시찰담에 관한
이야기를 하면서 그에게 도한을 권유하게 된 것이 그 발단이다.
이렇게 오자키는 동향 출신의 학생 치바 규사부로千葉久三郎와 그
의 형 규노스케(육군 특무조장을 지냄)와 함께 도한 준비를 하고, 부산
의 아리마 여관에 투숙했다. 이때 다케다 노리유키와 혼마 규스
케가 찾아와 이들과 합류하게 된 것이다.

법률사무소의 일은 오자키와 다케다가 중심이 되어 처리했다.

혼마와 치바는 정탐활동을 위해 경성으로 갔기 때문이다. 이들은 경성의 남대문 부근에 있는 약포를 숙소로 정하고 매약행상을 하면서 황해도와 경기도 지방을 정탐하거나, 안성을 거점으로 충청도에서도 활동했다. 혼마와 치바는 조선의 중부지방 여행을 마치고 1894년 봄에 다시 부산으로 돌아왔다. 혼마는 이륙신보사의 주필 스즈키 덴간의 연락을 받고 조선내지의 여행담을 연재하기 위해 일단 도쿄로 돌아가 4월 17일부터 「조선잡기」라는 제목으로 조선의 문물, 사정, 풍속을 소개했다.[4)]

한편 1894년 봄에 일본으로 돌아간 혼마는 동학농민군이 봉기하자 6월 2일 『이륙신보』의 특파원으로 파견되어, 이륙신보사의 사장 아키야마 데이스케가 보낸 지원금 100엔의 활동자금을 가지고 6월 9일 부산에 도착했다. 이륙신보사는 혼마를 통해 부산의 낭인들을 지원하고 있었으며, 청일전쟁을 주장하고 있었다. 6월 10일경 청일 양국의 조선 출병이 보도되자, 일본 국내에서는 청일개전론이 들끓었다. 다음날 조선에서는 농민군이 정부군과 화약을 맺어 전주에서 퇴각하는 사태가 발생했다. 혼마와 다나카 지로田中侍郎는 상황을 파악하기 위해 진주를 거쳐 전라도 충청도 방면으로 출발했고, 도중에 다나카는 혼마와 헤어져 20일경 조령으로 갔다. 6월 27일 밤 법률사무소에서 대책을 논의할 때 가장 문제가 된 것은 행동방침과 무기조달이었다. 다케다 노리유키나 혼마는 동학군과 제휴하여 청국을 배척하고 민씨정권을 타도할

---

4) 흑룡회, 「東亞先覺志士記傳」, 1933, 상권, 147~162쪽

것을 주장했다. 혼마는 그 후도 계속해서 천우협도의 활동에 관한 기사를 『이륙신보』에 보내거나, 7월 27일 성환전투와 9월 16일 평양전투에 직접 참가하여 정탐활동을 했다.[5]

두 번째로 일본 정부는 청일전쟁에 승리한 뒤 러시아의 조선 진출이 일본의 조선에서의 지위를 약하게 하는 것을 만회하기 위해서 낭인들을 이용하여 간섭정책을 단행했다. 이것을 현실화한 것이 명성황후 시해사건이었다. 시바 시로柴四郎·쓰기나리 히카루月成光·다케다 노리유키·아다치 겐죠安達謙藏·쿠니모토 시게아키國友重章·후지카쓰 아키라藤勝顯·삿사 마사유키佐佐正之·사세 구마테쓰佐瀨熊鐵·오자키 마사요시·오카모토 류노스케岡本柳之助 등 56명이 참가하였다. 그런데 혼마가 이 시해사건에 가담했는지 여부는 분명하지 않다. 앞으로 더 조사되어야할 부분이다.

다만 1898년 이후 혼마의 행적에 대해서는 주한일본공사관기록의 전보문을 통해 짐작해 볼 수 있다. 1899년 9월 25일 아오키靑木외무대신 명의로 나카무라中村 주한 영사대리에게 보낸 전문에는 "혼마는 9월 27일 모지門司발 다마가와마루多摩川丸편으로 도한한 모양임. 동인은 마닐라馬尼剌 반도叛徒를 원조할 음모를 품고 있다는 혐의가 있으므로 도착 후의 행위에 대하여 깊이 주의하기 바람. 또 동인은 작년 6월경 경성 탑동塔洞에 가족과 함께 주거하여 사진업을 영업하던 자임"이라고 있는 것으로 보아 계속해서 정탐활동을 한 것으로 보인다.

---

5) 강창일, 앞의 책, 69~84쪽 참조

세 번째로 흑룡회는 1901년 천우협을 모체로 만들어지고 처음부터 '한일합방'과 대아시아제국 건설을 추진했다. 우치다 료혜이內田良平·구즈 도스케葛生東介·미야자키 라이죠宮崎來城·혼마 규스케 등 50여 명이 참가했다. 그들은 조선 지배를 위해 대대적으로 러시아와의 전쟁을 주장했다. 그리고 통감부가 설치되자 일진회와 손잡고 본격적으로 '한일합방' 운동을 전개했다. 혼마는 흑룡회 활동을 하면서도 계속해서 내지를 여행하거나 1902년 동래해운대에서 온천지를 발견하여 매수하는 일에 관여하기도 했다. 또한 11월경에는 대구에 세운 사업체 겸 낭인의 거점인 비룡상회의 책임자로 일하고 있었는데, 이곳은 1903년에 일본상품진열소로 바뀌었다.

일본은 러일전쟁에 승리한 후 조선을 보호국으로 만들고 통감부를 설치하여 통감정치를 시작했다. 혼마는 통감부 탁지부의 정부 재산관(1906), 재무서의 재무관(1907~1908), 농상공부 촉탁(주임관 대우, 1909)으로 근무하고, 총독부 취조국의 조사사무 촉탁(1911~1912)을 지내기도 했다. 취조국의 역할은 동화정책을 추진하기 위한 준비로 조선 재래의 관습과 제도 조사와 식민지 법령을 제정하기 위한 업무를 위해 실지조사와 문헌조사 등을 했다. 이후의 구체적인 활동에 대해서는 알 수 없으나 조선잡지사에서 발간한 『조선朝鮮』이란 잡지에 투고하는 등 활동을 계속한 것으로 보인다.

3. 『조선잡기』에 나타난 조선 인식

『조선잡기』에는 조선 문제에 정통한 근대 일본인의 시각으로 조선의 문화와 문물 풍속을 접하면서 느꼈던 여러 풍경이 생생하게 그려져 있다. 그 내용의 일부는 역사적 사실에 대한 날카로운 지적과 함께 흥미롭게 그려진 부분이 있다. 예를 들면 먹는다는 말의 다양한 사용법, 목욕문화에 익숙한 일본인이 조선을 여행하면서 가장 곤란했던 것이 목욕할 곳이 마땅치 않은 점이었을 것인데, 목욕탕 풍경이 생생하게 사실적으로 묘사되었다. 또한 여행길에 객사에서 모기떼에 시달리는 모습이나 엿장수가 엿을 사라고 외치는 소리, 설탕을 복통약으로 알고 아끼는 사람들의 순진한 모습, 동전만을 보다가 지폐를 처음 보는 사람들의 신기해하는 모습, 세탁과 다듬이질 풍경, 풍년 춤의 떠들썩한 모습, 양산 대신에 우산을 쓰고 의기양양해 하는 모습, 객사에서 말이 통하지 않아 간이 녹을 정도로 공포에 떨던 일, 갓도 벗지 않은 채 싸우는 광경의 사실적인 묘사, 서당에서 아이들이 소리 내면서 책을 읽는 모습, 소금을 보물처럼 여기는 사람들, 부녀가 요강을 머리에 이고 가는 모습, 해적선을 만나 혼이 난 이야기, 남색과 창기 이야기, 복권에 몰려드는 사람들에 관한 이야기 등이 실제로 체험한 사람이 아니고서는 표현할 수 없는 섬세함으로 재미있게 그려지고 있다.

그러나 이 책은 조선 문화의 우수성을 말하면서도 노골적으로 조선인에 대한 멸시를 드러내고 있기도 하다. 이 책이 쓰여진 시기에 이미 이전 에도 시대의 조선통신사가 선진 문화를 일본에 전해주던 모습은 보이지 않는다. 1868년 메이지 유신이후 문명개화를 이룬 문명국 일본이 타자의 시선으로 '미개화'된 조선을 바라보는 '야만'과 '문명'의 교차점을 읽을 수 있게 된다. 따라서 조선에 대한 우호적이고 긍정적인 평가보다는 부정적이고 왜곡된, 편견에 가득한 조선의 모습이 그려지고 있다. 저자는 일본이 국제정세에 어두워 후진적인 조선을 문명으로 유도할 책임과 사명을 가진 나라로 인식하고 있다. 그러면 그가 조선 및 조선인 그리고 주변국에 대해 어떻게 인식하고 있는지를 살펴보자.

먼저 기본적으로는 조선의 역사를 독립한 적이 거의 없는 것으로 이해하고, 그 때문에 조선이 멸망하는 원인이 되었다고 보고 있다. 즉 "조선사를 열람하면 상고부터 금일에 이르기까지 다른 나라의 속박에 관계되지 않은 시대가 드물다. 진정 독립한 적이 없다고 해도 과언이 아니다. 쇠퇴는 학정의 결과라고 해도 이것은 역사적 관계가 원인이다." 계속해서 조선왕조의 건국도 명의 원조에 의한 것이며 임진 역(壬辰役, 왜란) 때에도 명의 원조를 받은 사대관계로 설명한다. "중앙정부는 사대에 힘쓰고, 청조의 환심을 사려고 한다. 청국을 대국이라 말하고, 중화라고 부른다. ─ 청은 조선을 항상 속방으로 보고 조선국왕을 신하로 여긴다. ─ 청국정부는 교활하여 한정(韓廷)이 유약하고 무기력한 것을 이용하여 사대의 기습을 조장하고 있다"고 지적했다. 그리고 조선이 오늘은 청나라에 의지하고, 내일은 러시아에 의지하기 때문에, 조선은 단지 청과 일본의 각축장이 될 뿐 아니라, 서구열강의 각축장이 되어 위급한 상황이 전개될 것으로 예견하고 있다.

둘째로 저자가 조선에서 체험한 것은 조선인의 일본인 멸시와 중국에 대한 사대주의 풍조였다. 그가 멸시의 사례로 지적하고 있는 것은 일본인을 "왜놈"이라고 부르며 거류지 밖의 지역에 들어가면 참을 수 없는 모욕을 주거나 욕을 하고 흙이나 돌을 던지는 것 등이다. 또한 개도 한복과 다른 옷을 입은 일본인을 보면 짖어서 여러 번 어려움에 봉착한 사실을 지적하고 있다. 그리고 여행객들에게 함부로 뱃삯을 청구하는 뱃사공에 대해서도 기록하고 있다.

조선인의 사대주의 근성에 대한 비판으로 "조선의 선비가 지나를 항상 중화라고 말하고 스스로 소화라고 부른다. 조선 사람이 나에게 고국을 물으면 나는 항상 대화大華의 사람이라고 말한다. 그들은 나의 오만함을 꾸짖는다. 그러나 오만하여 자랑하는 것과 비루하여 주눅이 드는 것 중에 어느 것이 나은가?"라고 하여, 문명개화된 일본의 국력에 대한 자신감을 드러내고 있다. 중국이 이미 동양의 맹주로서의 위신을 잃었음에도 불구하고 조선은 이를 자각하지 못하고 청을 숭배하는 사대주의에 빠졌다고 본 것이다. 그렇기 때문에 낡은 중국 중심의 중화체제가 동양을 지배하는 것을 타파시키기 위해서 청일전쟁을 준비하고 조선이 청으로부터 '독립'해야 함을 강조하게 되는 것이다. 그는 조선의 장래에

대해 중국과 러시아가 도와줄 수 없으며 수년이 지나지 않아 그
들에게 먹히게 될 것이라고 전망하기도 했다. 그러므로 일본이
아시아에서 패권을 잡는 방법은 전쟁을 통해 중국 중심의 전통적
인 화이華夷질서 체제를 재편하고 일본 중심의 새로운 동아시아
질서를 구축하는 것이다. 또한 이 책에서는 조선 사람이 가진 사
대근성의 표상으로 "언문의 편리함을 이용하지 않고 한자를 숭상
하는 것", "전체적으로 도로사정이 형편이 없지만, 의주까지는
지나支那 사신의 왕래 길이므로 수선해 놓았다"고 지적하고 있다.

　셋째로 조선인에 대해서는 어떻게 보고 있을까? 1) 조선인은
단순하고 불결하다. 여름에 여행할 때 빈대, 모기, 이, 벼룩이 많
아서 잠을 잘 수가 없고, 거리, 음식물, 객사가 상당히 불결하다
고 한다. 2) 나태하고 무사태평하다. 비가 오면 절대로 일을 하지
않고, 목수가 반나절 걸릴 일을 3~4일이나 걸려서 하며, 담뱃대
를 물고 쉬거나, 물건을 운반하거나, 심지어 목욕탕 안에서도 피
우고 있으니, 이는 국운이 막힐 징조라고 한다. 3) 비굴하고 공동
정신이 부족하다. 일본인 여행객에게 비굴하게 구걸하며, 도로가
수리되지 못하고 우등한 산물이 있어도 판로를 열려는 희망이 없
어 국가가 빈약할 수밖에 없다고 한다. 4) 민족성이 혼돈을 숭상
하며, 야만적이다. 썩은 달걀과 같아서 스스로 껍질을 깨고 나올
힘이 없고, 먹는 욕심이 강해서 양보하지 않는 것은 "야만의 징
후"라고 한다. 5) 관리의 가렴주구와 뇌물수수. 관인은 모두 도적
이며, 조선인은 참담한 지옥에 살아도 개의치 않는 것은 유전성

에 의한 것이고, 과거 시험장의 부패가 심하다고 보았다.

넷째로 두 나라의 풍습의 차이에 대해서도 언급하고 있다. 목욕습관이 전혀 다른 것과 조선인은 매운 것을 좋아하며, 장례와 조혼 풍습이 다른 것을 지적한다. 그리고 조선에 전혀 어울리지 않는 것으로 1) 국왕이 현명해서 구미의 여러 제왕 사이에 서도 부끄러워하지 않는 것, 2) 경성 사방의 풍광이 아름다운 것, 3) 의관이 아름다운 것을 들고 있다. 그러면서 조선의 의복은 만국의 첫째이지만 가옥은 매우 추하여 "돼지우리"와 같다는 지적도 빼놓지 않고 있다.

다섯째로 저자는 이 책의 여러 곳에서 재조 일본인의 활동에 대해 각성을 촉구하고 있다. 1) 일본의 승려는 야소교(기독교)의 선교사와 같이 위험을 무릅쓰고 열심히 포교하지 않는다. 한국어에 능통하지 않고 한국어를 연구하지 않으며 한국인을 감화시키는 자도 없다고 단언한다. 서양 선교사가 "종교를 가지고 검으로 삼아 한인의 뇌를 가르고 혼을 빼앗아 그 살을 먹게 되면 잠자코 있을 수 없다"고 까지 주장한다. 2) 일본 상인들의 나태함을 비판한다. 지나 상인은 근검하여 행상을 하고 큰돈을 벌어서 귀국하지만, 일본 상인들은 욕심을 내고 노동을 조롱하여 지나인을 천하게 보아, 파산해서 귀국하게 된다고 보았다. 일확천금을 노리는 자가 투기적인 일만 좋아하고 행상을 부끄러워하여 노점을 바보같이 생각하는 것은 잘못이라고 지적한다. 특히 조선의 어업에서 이익을 장악하여 식민사업을 크게 확장시킬 것을 촉구하고 있다.

지나 세력이 경성에서 우세함을 강조하면서 지나 세력을 구축하기 위해서라도 일본상인의 분발을 지적한 것이다.

마지막으로 『조선잡기』의 간행이 미친 영향에 대해서 알아보기로 한다. 『조선잡기』를 연재한 『이륙신보』는 아키야마 데이스케가 1893년 10월 26일 26세의 나이로 도쿄에서 창간했다. 제2호는 11월 1일 발행되어 이후 일간으로 1895년 5월까지 계속되었으나 자금난으로 휴간되었다가, 1900년 2월 다시 복간되었다. 당시 혼마는 조선사정에 대한 해박한 지식을 가지고 이 기사들을 썼고 언론매체를 이용하여 조선침략의 여론을 선도하는데 앞장서 갔다. 일간 신문에 연재된 이 글들은 많은 사람에게 읽혔고 단행본으로 『조선잡기』가 간행된 이후에도 조선을 안내하는 견문기로서 역할을 했다고 생각한다. 러일전쟁 이후 일본인의 내한은 급속히 증가하고 있었으나 조선을 안내하는 입문서가 그리 많지 않은 상황이었기 때문이다. 그리고 이후 간행되는 견문기나 여행기에도 일정하게 영향을 미쳤을 것이다.

일제는 1910년 강제병합 전후 동화정책을 수립하고 식민통치를 위한 방편에서 조선사회에 대한 기초적인 실태파악에 주력했다. 이를 위해 1906년부터 구관舊慣제도를 조사하고 1911년부터 사료조사를 실시했다. 이어서 1916년부터 중추원에서 반도사 편찬사업을 시작했다. 그리고 이렇게 총독부에서 조사가 이루어지기 이전에 이미 재조 일본인과 민간단체에서는 식민통치의 기초를 세우려는 총독부의 지원을 받아 조선에 대한 조사 및 연구를

●「이륙신보」 창간호(1893년, 메이지 26년 10월 26일)

계속했다.[6] 1920년대에는 총독부 관리 마쓰다 코우松田甲가 저술한 『조선잡기』가 여러 차례 개정 출판되었고, 언론인 기쿠치 겐죠는 『조선제국기朝鮮諸國記』(1925)와 『조선잡기』(1931)를 견문기로 간행했다. 앞에서 지적한 것처럼 1930년대에도 혼마의 『조선잡기』는 『인천사정』(1892. 青山好惠)과 함께 조선사정을 전하는 책으로 『조선통치신론』에 본문 내용이 소개되고 있다. 이러한 자료들은 근대 일본인들의 조선관 형성과 식민통치에 이용되었을 것으로 짐작된다.

---

6) 졸고, 「일제강점기 조선연구회의 활동과 조선인식」, 『한국민족운동사연구』 42, 2005. 3.: 동, 「한말 일제하 샤쿠오釋尾旭邦의 내한활동과 조선인식」, 『한국민족운동사연구』 45, 2005. 12: 동, 「일제강점기 아오야기靑柳綱太郎의 조선사 연구와 '내선일가론'」, 『한국민족운동사연구』 49, 2006. 12

부
록

사진으로 보는 19세기 말 조선

1880년대 서울 도성. 근정전, 광화문, 육조거리와 주변 관청, 민가의 모습
(『조선잡기』 서울도성 그림 참조)

1895년경, 광화문과 육조거리

1880년대 남대문로(「조선잡기」 남대문 시장 참조)

1890년대 홍지문과 탕춘대성(『조선잡기』 경성 문 밖 화약제조소 그림 참조)

조선 무관(「조선잡기」 무관 그림 참조)

19세기 말 지방관아(『조선잡기』 안성 관아 항목 참조)

상인(『조선잡기』 산목 항목 및 상인 그림 참조)

1900년경 시장(「조선잡기」 시장 항목 및 그림 참조)

20세기 초 전당포(『조선잡기』 경성의 금리 항목 참조)

개성의 인삼밭(「조선잡기」 인삼 항목 및 그림 참조)

19세기 말 여사旅舍(『조선잡기』 여관 항목 참조)

1880년대 여인들의 나들이 복식(『조선잡기』 여의사 항목 및 그림 참조)

방갓方笠을 쓴 상인(『조선잡기』, 상인喪人 그림 참조)

장승(『조선잡기』 십리표 항목 참조)

남사당 패의 무동타기(『조선잡기』 정월놀이 항목 참조)

지게꾼(『조선잡기』 지게꾼 항목 참조)

엿장수(「조선잡기」 엿장수 항목 참조)

서당(『조선잡기』 교육의 일반 항목 참조)

인천항 월미도(「조선잡기」 인천 항목 및 월미도 그림 참조)

1894년 6월 12일, 일본군은 인천에 예고도 없이 상륙했고, 한반도는 본격적인 일본의 군사침략의 대상이 되었다.
혼마 규스케는 그 전해인 1893년에 조선을 정탐했다.

1) 1차사료

染崎延房, 『朝鮮事情』, 三書房 , 1874

佐田白茅, 『朝鮮聞見錄』, 1875(龍溪書舍 , 2005 復刻)

石幡貞, 『朝鮮歸好餘錄』, 日就社, 1879

鈴木信仁, 『朝鮮記聞』, 博文館, 1885

小尾直藏, 『朝鮮京城奇談』, 報告堂, 1885

小田切萬書之助, 『朝鮮』, 1890, 京城(龍溪書舍 , 1996 復刻)

靑山好惠, 『仁川事情』, 朝鮮新報社, 1892

久保田米僊, 『見聞隋記 朝鮮時事』, 春陽堂, 1894

松原岩五郎, 『征塵余錄』, 民友社, 1896

小川隆三, 『渡韓見聞錄』, 靜岡民友新聞社 , 1901

信夫淳平, 『韓半島』, 東京堂書店, 1901(한국지리풍속지총서 217, 경인문화사)

恒屋盛服, 『朝鮮開化史』, 東亞同文會, 1901

香月源太郎, 『韓國案內』, 靑木嵩山堂, 1902

山本庫太郎, 『最新朝鮮移住案內』, 民友社, 1904

天野誠齊, 『朝鮮渡航案內』, 新橋堂, 1904

矢津昌永, 『韓國地理』, 丸善, 1904(한국지리풍속지총서 101)

沖田錦城, 『裏面の韓國』, 輝文館, 1905

伊藤長次郎, 『韓國及九州談』, 1905(한국지리풍속지총서 223)

富家雲嶺, 『高麗之圖影』, 1905

塩崎誓月, 『最新の韓半島』, 青木嵩山堂, 1906(한국지리풍속지총서 12)

圓城寺清, 『韓國の實情』, 樂世社, 1906

上村賣劍, 『清韓遊踪』, 東京堂, 1906(한국지리풍속지총서 246)

加納久宣, 『朝鮮旅行記』, 1906

堀內泰吉·竹內政一, 『韓國旅行報告書』, 神戶高等商業學校, 1906(한국지리
　풍속지총서 236)

薄田斬雲, 『暗黑なる朝鮮』, 日韓書房, 1908

薄田斬雲, 『ヨボ記』, 日韓書房, 1908

佐村八郎, 『渡韓のすすめ』, 樂世社, 1909

吉田英三郎, 『朝鮮誌』, 町田文林堂, 1911

山口豊正, 『朝鮮之研究』, 巖松堂, 1911(한국지리풍속지총서 5)

村上唯吉, 『朝鮮人の衣食住』, 大和商會圖書出版, 1916

村田懋麿, 『朝鮮人の生活と文化』, 目白書院, 1924

幣原坦, 『朝鮮史話』, 富山房, 1924

內藤八十八, 『現時の朝鮮』, 朝鮮事業及經濟社, 1925

菊池謙讓, 『朝鮮諸國記』, 大陸通信社, 1925

青柳綱太郎, 『朝鮮史話と史蹟』, 朝鮮研究會, 1926

松田甲, 『朝鮮雜記』, 조선총독부, 1926

菊池謙讓, 『朝鮮雜記』, 鷄鳴社, 1931

2) 저서 및 논문

山辺健太郎,『日本の韓國併合』, 太平出版社, 1966

山辺健太郎,『日韓併合小史』, 岩波書店, 1966

渡辺龍策,『大陸浪人』, 番町書房, 1967

旗田巍,『日本人の朝鮮觀』, 勁草書房, 1969(이기동 역, 『일본인의 한국관』, 일
조각, 1983)

佐藤誠三郎 편,『近代日本の對外態度』, 東京大學出版會, 1974

河原宏,『近代日本のアジア認識』, 第三文明社, 1976

櫻井義之,『朝鮮研究文獻誌』, 龍溪書舍, 1979

小島麗逸,『日本帝國主義と東アジア』, アジア經濟研究所, 1979

姜在彦,『日朝關係の虛構と實像』, 龍溪書舍, 1980

한상일,『일본 제국주의의 한 연구—대륙낭인과 대륙팽창』, 까치, 1980

한상일,『일본 군국주의의 형성과정』, 한길사, 1982

朴宗根,『日淸戰爭と朝鮮』, 靑木書店, 1982(박영재 역, 『淸日戰爭과 朝鮮』, 일
조각, 1989)

芳賀登,『日韓文化交流史と研究』, 雄山閣, 1986

강동진,『일제 언론계의 한국관』, 일지사, 1986

강동진,『일본 언론계와 조선』, 지식산업사, 1987

宮地正人,『國際政治下の近代日本』, 山川出版社, 1987

中塚明,『近代日本と朝鮮』, 三省堂, 1987

木村健二,『在朝日本人の社會史』, 未來社, 1989

古川萬太郎,『近代日本の大陸政策』, 東京書籍, 1991

中村尙美, 『明治國家の形成とアジア』, 龍溪書舍, 1991

梶村秀樹, 『朝鮮史と日本人』, 明石書店, 1993

中塚明, 『近代日本の朝鮮認識』, 硏文出版, 1993

北原スマ子 外, 『資料 新聞社說に見る朝鮮』, 綠陰書房, 1995

加藤祐三 편, 『近代日本と東アジア』, 筑摩書房, 1995

井口和起, 『朝鮮·中國と帝國日本』, 岩波書店, 1995

上垣外憲一, 『ある明治人の朝鮮觀』, 筑摩書房, 1996

古屋哲夫, 『日露戰爭』, 中央公論, 1996

최석영, 『일제의 동화이데올로기의 창출』, 서경문화사, 1997

高崎宗司, 『日本妄言の原形』, 木犀社(최혜주 역, 『일본망언의 계보』, 한울, 1996)

岡本幸治 편, 『近代日本のアジア觀』, ミネルヴァ書房, 1998

조동걸, 『현대한국사학사』, 나남출판, 1998

박걸순, 『한국근대사학사연구』, 국학자료원, 1998

琴秉洞, 『資料 雜誌にみる近代日本の朝鮮認識』, 綠陰書房, 1999

한영우, 『명성황후와 대한제국』, 효형출판, 2001

高崎宗司, 『植民地朝鮮の日本人』, 岩波書店, 2002(이규수 역, 『식민지조선의
　일본인들』, 역사비평사, 2006)

강창일, 『근대 일본의 조선침략과 대아시아주의』, 역사비평사, 2002

館野晳, 『韓國·朝鮮と向き合った36人の日本人』, 明石書店, 2002

館野晳, 『36人の日本人韓國·朝鮮へのまなざし』, 明石書店, 2005(오정환·
　이정환 역, 『그때 그 일본인들』, 한길사, 2006)

琴秉洞, 『日本人の朝鮮觀』, 明石書店, 2006(최혜주 역, 『일본인의 조선관』, 논

형, 2008)

櫻井義之, 「明治時代の對韓認識について」, 『明治と朝鮮』, 1964

旗田巍, 「日本人の朝鮮觀」, 『日本と朝鮮』, 勁草書房, 1965

梶村秀樹, 「植民地朝鮮での日本人」, 『地方デモクラシ-戰爭』, 文一總合出版, 1978

坂野潤治, 「明治初期(1873~85)の對外觀」, 『國際政治』 71, 1982

芳賀登, 「明治維新における日本知識人の韓國觀」, 『近世知識人社會の研究』, 敎育出版センタ, 1985

박충석, 「일본 지식인의 대한관」, 『청일전쟁과 한일관계』, 일조각, 1985

이만열, 「19세기말 일본의 한국사연구」, 『청일전쟁과 한일관계』, 일조각, 1985

박영재, 「근대 일본의 아시아인식」, 『러일전쟁전후 일본의 한국침략』, 일조각, 1986

青野正明, 「細井肇の朝鮮觀」, 『韓』 110호, 동경한국연구원, 1988

정장식, 「근세 일본지식인에 보이는 조선인식의 원점」, 『일본학보』 22, 1989

조동걸, 「식민사학의 성립과정과 근대사 서술」, 『역사교육논집』 13 · 14, 1991

木村健二, 「在外居留民の社會活動」, 『岩波講座, 近代日本と植民地5』, 1993

高崎宗司, 「在朝日本人と日淸戰爭」, 『岩波講座, 近代日本と植民地5』, 1993

朴賢洙, 「日帝의 朝鮮調査에 관한 硏究」, 서울대 박사학위논문, 1993

里上龍平, 「近代日本の朝鮮認識」, 『近代日本のアジア認識』, 京都大學人文科學硏究所, 1994

함동주, 「메이지 일본의 조선론―문명론적 측면을 중심으로」, 『한일관계연
　구』 2, 1994

함동주, 「明治期 일본의 아시아주의와 국권의식」, 『일본역사연구』 2, 1995

박영재, 「近代日本의 침략주의적 대외론과 한국론」, 『한국사시민강좌』 19,
　일조각, 1996

최혜주, 「幣原坦의 고문활동과 한국사연구」, 『국사관논총』 79, 1998

최혜주, 「靑柳綱太郞의 내한활동과 식민통치론」, 『국사관논총』 94, 2000

森山茂德, 「메이지 시대 日本 지도자들의 한국인식」, 『근대 교류사와 상호
　인식』 1, 아연출판부, 2000

강창일·김경일, 「동아시아에서 아시아주의:1870~1945년을 중심으로」,
　『역사연구』 8, 2000

박양신, 「19세기 말 일본인의 조선여행기에 나타난 조선상」, 『역사학보』
　177, 2003

최혜주, 「메이지 시대의 한일관계 인식과 일선동조론」, 『한국민족운동사연
　구』 37, 2003

최혜주, 「일제강점기 조선연구회의 활동과 조선인식」, 『한국민족운동사연
　구』 42, 2005

최혜주, 「한말 일제하 釋尾旭邦의 내한활동과 조선인식」, 『한국민족운동사
　연구』 45, 2005

최혜주, 「일제강점기 靑柳綱太郞의 조선사 연구와 '내선일가론'」, 『한국민
　족운동사연구』 49, 2006

연민수, 「신공황후 전설과 일본인의 對韓觀」, 『한일관계사연구』 24, 2006

찾아보기

● 경성 문 밖의 화약제조소